LE PRÉSIDENT

DE LA

RÉPUBLIQUE

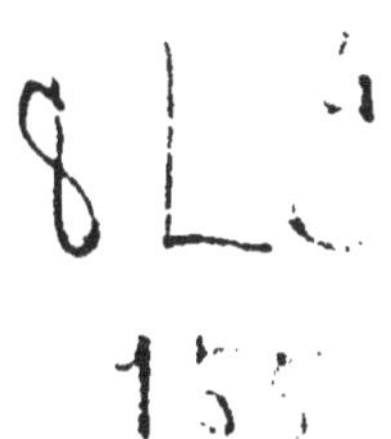

8 Lᵉ
155

OUVRAGES DU MÊME AUTEUR

EN PLEIN FAUBOURG (Mœurs ouvrières) (Fasquelle, éditeur). 1 vol. in-12 . . . . 3 fr. 50

LA RÉPUBLIQUE ET LES POLITICIENS (Fasquelle, éditeur).
1 vol. in-12 . . . . 3 fr. 50

LA TYRANNIE DES POLITICIENS (Cornély, éditeur). 1 vol.
in-12 . . . . 3 fr. 50

LES TYRANS RIDICULES (Fayard, éditeur). 1 vol. in-12 . . 3 fr. 50

WALDECK-ROUSSEAU ET LA TROISIÈME RÉPUBLIQUE (Fasquelle, éditeur). 1 vol. in-8 . . . . 7 fr.

HENRY LEYRET

LE PRÉSIDENT

DE LA

RÉPUBLIQUE

SON RÔLE
SES DROITS. — SES DEVOIRS

LIBRAIRIE ARMAND COLIN

Rue de Mézières, 5. PARIS

1913

Tous droits de reproduction, de traduction et d'adaptation réservés pour tous pays.

Copyright nineteen hundred and thirteen
by Max Leclerc and H. Bourrelier,
proprietors of Librairie Armand Colin.

AVANT-PROPOS

Une légende maligne s'est formée sur le président de la République. D'après l'opinion admise, le premier magistrat de la France serait condamné de fondation à l'oisiveté et à l'impuissance. Ainsi les électeurs présidentiels, lorsqu'ils se réunissent à Versailles en Congrès, éléveraient au rang suprême non pas un chef d'État, mais un personnage artificiel.

Cette idée ayant profondément pénétré la masse des citoyens, et jusqu'au monde politique lui-même, j'ai jugé utile, devant les directions nouvelles de l'esprit public, de rechercher si elle est à confirmer ou à rectifier.

Le président de la République possède-t-il des prérogatives illusoires ou effectives? Le moyen le plus judicieux d'éclaircir la ques-

tion m'a paru être de l'examiner tout à la
fois au point de vue constitutionnel et au
point de vue objectif. Énoncer les droits
présidentiels tels qu'ils ressortent de notre
Constitution, les préciser en les interprétant
à la clarté des lois et des faits, je n'ai pas eu
d'autre méthode — ni d'autre ambition. Systématiquement, j'ai laissé de côté les opinions individuelles des docteurs contemporains du Droit constitutionnel, m'étant aperçu
d'une part que leurs savantes théories ne se
concilient pas toujours avec les nécessités
politiques, d'autre part que la rigide sévérité
d'une science si digne de respect n'exclut
pas formellement chez ses plus fervents
adeptes l'amour des contraires. C'est ainsi
que l'un des plus notoires d'entre eux, et à
juste titre des plus autorisés, après avoir
affirmé que le président de la République ne
peut constitutionnellement faire prédominer
sa volonté personnelle, proclame ensuite
qu'il participe activement au gouvernement
dont il est le chef. Entre ces deux propositions, malgré les raisons démonstratives sur

quoi elles s'appuient, il y a contradiction. Elle s'explique d'autant moins que, tout pesé, elle va à l'encontre de la réalité. Ce n'est pas tant la limite ni la qualité des pouvoirs dévolus à la fonction présidentielle qu'il y a lieu de critiquer, c'est plutôt la manière dont les hôtes successifs de l'Élysée se sont accoutumés à les exercer, je veux dire à ne les pas exercer.

L'ensemble des droits octroyés au président de la République comporte une nomenclature assez étendue. Ce sont là, on le verra, des attributions positives, celles-là même dont ne saurait se passer un chef d'État chargé par les lois constitutionnelles de surveiller les destinées de son pays et de les diriger conjointement avec les représentants de la nation. Elles mettent à la disposition du président les indispensables éléments de la puissance supérieure : initiative, influence, autorité. Il en tire la force propre à soutenir son action légale et morale dans le Gouvernement et dans le Parlement. Collaborateur assidu des ministres, la prérogative de les nommer implique pour lui — dans son propre intérêt comme dans l'intérêt général — clairvoyance et prudence dans leur choix; s'il abandonnait à l'intrigue le soin de les distinguer, s'il se les laissait imposer par des collectivités ou des individualités politiques plus audacieuses que qualifiées, il perdrait l'ascendant dont il a besoin pour les conseiller ou même pour les révoquer. Contrôleur attentif des Chambres, la règle du système représentatif lui impose en premier lieu le devoir de respecter en elles les organes de la souveraineté nationale ; mais, s'il a le souci de défendre les libertés publiques, d'assurer la sincérité du régime parlementaire, il doit prendre garde aux excès des Assemblées, à leurs incessantes usurpations : il doit au besoin les empêcher par les moyens de répression que lui dispense la loi. Elle lui accorde les droits de message et de suspension, les droits de prorogation et de dissolution. Ce n'est point par simple fiction qu'elle l'en a doté, c'est afin qu'il en fasse usage, le cas échéant, résolument, c'est afin que. l'intérêt du pays l'exigeant, il y recoure sans trembler. Négliger ces droits, les laisser tomber en déshérence, c'est trahir les citoyens, car ils en sont la garantie. Gardien de la Constitution, le président est tenu d'obéir à toutes ses prescriptions, même lorsqu'elles l'obligent d'entrer en lutte avec une Chambre infidèle à son mandat ou hostile à l'opinion publique. La gravité de pareille conjoncture ne saurait l'arrêter dans l'accomplissement de son devoir : ayant pour soi la loi, il aurait de plus avec lui la France. Il la personnifie devant l'étranger, il incarne sa tradition, il veille à sa politique extérieure, il est responsable de sa sécurité et de son honneur. Chargé d'une magistrature aussi noble que lourde, s'il en exerçait les prérogatives avec sagesse et courage, la France ne l'en blâmerait pas : elle lui en serait reconnaissante.

Peut-être, de prime abord, manifesterait-elle quelque surprise, tant les titulaires de la fonction présidentielle l'ont jusqu'ici peu habituée à des actes de volonté. Soit que la plupart en se voyant au faîte des grandeurs aient éprouvé un vertige déprimant, soit qu'aucun n'ait conçu l'envie de s'immoler sur l'autel de la République, tous à peu près se sont dérobés à leur mission. Les épaules étaient-elles trop faibles? Le fardeau était-il trop pesant? Sous prétexte de se conformer à la neutralité recommandée aux chefs d'État des gouvernements constitutionnels, ils s'effaçaient, se réfugiant dans les cérémonies et les solennités nationales. Il ne faut pas mépriser de parti pris les devoirs de la représentation extérieure, en elle tout n'est pas que vanité; tout de même, convenons-en, la figuration ne remplace pas l'action. Or, l'action présidentielle fit trop souvent défaut dans les affaires du pays. Ou bien, si elle osait se produire, c'était dans l'ombre, presque toujours dans un sens négatif, sous la crainte des responsabilités. On vit un président tantôt oublier par insouciance pendant des années d'apposer sa signature sur des traités internationaux, tantôt refuser avec effroi sa signature au décret préparé pour honorer de la médaille militaire un général victorieux —

ou son adhésion à des envois de troupes réclamés d'urgence par nos nationaux en péril. L'amour de la parfaite tranquillité ne messied pas aux humbles de ce monde, mais on a rarement célébré en lui la vertu par excellence des augustes conducteurs de peuple. En vain l'inaction des présidents serait-elle imputée à leur irresponsabilité. Semblable interprétation de la Constitution contrarierait sa lettre et son esprit : loin de retirer au premier magistrat la faculté d'agir, elle l'a hautement reconnue en lui conférant des droits multiples et considérables. Quel besoin pour la République d'avoir à sa tête un roi fainéant ? Si elle s'est donné un chef d'État, c'est en vue de posséder dans sa personne un fondé de pouvoirs scrupuleux et vigilant : les lois constitutionnelles de 1875 lui en permettent le choix, à condition toutefois qu'elles soient rigoureusement observées par les pouvoirs constitués, à commencer par le président de la République tout le premier.

Ici apparaît le point le plus délicat du problème élyséen. Le président de la République

peut-il appliquer fidèlement la Constitution?
Beaucoup d'observateurs, et aussi des théoriciens, lui en dénient la possibilité, qui prétendent qu'en dépit de la meilleure volonté
son origine le réduit forcément à l'impuissance absolue. Le président est élu par les
parlementaires, il est lui-même un parlementaire. Sans doute ces critiques ne vont pas
jusqu'à avancer que ce soit là une tare : un
jugement aussi sévère étonnerait le peuple
qui prodigua des flots de sang pour cimenter
le parlementarisme. Mais ils sont convaincus
qu'il n'en peut résulter qu'une élection viciée
en principe et en fait : « Comment, disent-
ils, une assemblée composée d'individus de
nature médiocre, ce qui est le cas de la plupart des congressistes de Versailles, porte-
rait-elle ses suffrages sur un homme d'essence
supérieure ? Les électeurs présidentiels ne
peuvent choisir qu'un élu qui leur ressemble
comme un frère. Préoccupés de tenir leur
métier de politiciens à l'abri des secousses,
jaloux de s'épanouir librement dans leurs
égoïsmes, leurs calculs, leurs rivalités, il leur

faut un président résigné, soumis, malléable, un chef qui demeure à l'Élysée leur créature, leur complice, leur chose. » Reconnaissons que l'argument n'est pas dépourvu de solidité. Poussé dans une carrière semée d'embûches et d'intrigues, sorti lui-même de coalitions aux pensées équivoques, le président de la République rencontrera, il est vrai, de sérieuses difficultés le jour où il voudra s'affranchir des liens de la caste à laquelle il doit son élévation. Mais l'obstacle n'est pas insurmontable si le président connaît son devoir et si, doué de caractère, il s'y dévoue avec sérénité. En effet, pour remplir sa fonction pleinement, il lui suffit de ne pas perdre de vue le principe de la séparation des pouvoirs : ce principe assigne au dépositaire du pouvoir exécutif une sphère d'action indépendante des membres du pouvoir législatif, lesquels ne sauraient empiéter sur la puissance gouvernementale sans abuser de la confiance de la nation, dont ils ne sont que les commis.

J'accorde que de regrettables concessions ont transformé la séparation des pouvoirs, qui est la condition fondamentale du système parlementaire, en une inextricable confusion. Les commis sont devenus les maîtres. Entre le pouvoir judiciaire suborné et le pouvoir exécutif asservi, le pouvoir législatif règne omnipotent. Usurpation du législatif, abdication de l'exécutif, l'équilibre constitutionnel étant ainsi déplacé, il s'ensuit la rupture des ressorts du mécanisme gouvernemental. Cependant, plus une République est puissante, plus son gouvernement doit être réglé, plus il doit être fort, sinon la discipline sociale se relâche et s'abîme dans les pires instincts. Alors les peuples déroutés se détournent du présent pour interroger l'avenir. L'un des plus illustres parmi les républicains de 1830, j'ai nommé Armand Carrel, le rappelait à ses coreligionnaires politiques : « Il est naturel, écrivait-il, de chercher l'ordre à l'abri de la volonté d'un seul, quand on est las de le chercher dans la volonté de tous ». Toutes les nations, les plus démocratiques elles-mêmes, ont besoin d'un guide, d'un directeur, d'un chef. C'est une nécessité à laquelle ne saurait se soustraire la République française. Elle y satisfera aisément dès l'instant que son président, cessant d'être une force improductive, consentira à relever l'autorité de la puissance exécutrice.

Je crois nos lois constitutionnelles assez ingénieusement combinées pour se prêter à un redressement désiré par l'opinion française. Si je me trompais, et qu'une nouvelle expérience vînt démontrer l'irrémédiable inefficacité de l'institution présidentielle, la Constitution de 1875 ne me semble pas tellement sacrée que je dusse hésiter alors à me ranger au nombre des partisans déterminés d'une revision. N'étant enrégimenté ni parmi ses panégyristes, ni parmi ses détracteurs, j'ai essayé de l'étudier d'un esprit dégagé. Les conclusions auxquelles j'aboutis sont-elles trop optimistes? Sommes-nous vraiment condamnés à jamais aux septennats du sommeil? La présidence qui débutera avec l'année 1913 prononcera. Souhaitons que l'élu du 17 janvier écoute les aspirations du pays, souhaitons-le pour la République et pour la tran-

quillité générale. Un jour, Jules Ferry disait
à la Chambre des Députés : « Si vous résis-
tez aux vœux de l'opinion, défiez-vous de la
tendance qu'a ce pays à enfler sa voix lorsque
ses mandataires font la sourde oreille! » Ce
que l'opinion veut aujourd'hui, c'est un président de la République qui ne se conduise
ni en paralytique ni en parasite, mais au contraire qui use de ses droits et agisse en vrai
chef d'État.

H. L.

Décembre 1912.

CHAPITRE PREMIER

*Le président de la République est-il
le « laquais de l'Assemblée »
ou le « surveillant général de l'État » ?*

CHAPITRE PREMIER

LE PRÉSIDENT DE LA RÉPUBLIQUE
EST-IL LE « LAQUAIS DE L'ASSEMBLÉE »
OU LE « SURVEILLANT GÉNÉRAL DE L'ÉTAT » ?

La fonction présidentielle devant l'opinion publique. — Le
rôle du président. — Pouvoir réel ou nominal ? — L'idée
de gouvernement dans la République. — Les députés
ne sont que les commis de la nation. — Indépendance
du pouvoir exécutif. — Les droits du président de la
République. — Ils constituent, selon Gambetta, le pouvoir exécutif le plus fort qui ait jamais été constitué dans
une démocratie.

Depuis le fonctionnement de la Constitution, l'opinion publique, lorsque le Sénat
et la Chambre des Députés se sont réunis
à Versailles en Assemblée Nationale à l'effet
de procéder à l'élection du président de la
République, n'a prêté à cet événement que
peu d'attention. Les élections présidentielles,

sauf celle où Jules Ferry fut candidat, ne l'ont jamais beaucoup troublée. Il est donc naturel de constater avec quel intérêt, avec quelle curiosité éveillée, elle a attendu la fin du septennat de M. Fallières. A coup sûr, depuis ces dernières années, de nombreux citoyens se préoccupent davantage de la manière qu'il conviendrait d'exercer la magistrature suprême. C'est pourquoi il s'est peu à peu manifesté comme une sorte d'impatience au sujet du Congrès présidentiel prévu pour le 17 janvier 1913.

Si le choix de l'Assemblée nationale n'avait dû présenter pas plus d'importance qu'une banale formalité constitutionnelle, c'est-à-dire s'il avait dû se borner à consacrer en un rapide scrutin le succès d'une intrigue parlementaire habilement préparée (comme cela s'est vu), l'ouverture de la succession présidentielle eût laissé le pays tout à fait indifférent. Désormais, instruit par le passé, il ne saurait se passionner pour l'élu d'un groupe ou d'un Warwick. Quand donc on le vit poser un point d'interrogation sur le résultat problématique du futur Congrès, il importait de ne pas se méprendre sur la nature de ses préoccupations. Ce qui l'intéressait, ce n'était pas tant le personnage, le nom sur lequel devaient se réunir les suffrages des congressistes, c'était avant tout ce que serait le nouveau président, ce qu'il ferait, comment il se comporterait au regard de la nation.

Sera-t-il dieu, table ou cuvette ?

Se placer à ce point de vue, sans se soucier le moins du monde des candidatures et des compétitions appelées à se produire, c'est en somme se demander ce que sont — ou plutôt ce que devraient être la fonction et le rôle du président de la République. Les républicains se sont longtemps divisés sur la solution de ce problème en apparence assez épineux. Je ne suis pas bien sûr qu'après tantôt quarante ans de pratique nous soyons tous d'accord sur le principe de l'institution présidentielle. Toutefois, il semble que les politiciens radicaux aient renoncé à en poursuivre la suppression, comme ils faisaient au temps où leur vertu destructive les lançait d'une égale ardeur contre le Sénat. Là encore, d'ailleurs, s'ils retombaient dans leurs péchés de jeunesse, ils se trouveraient en désaccord complet avec le pays. En effet, la France, loin de désirer la disparition de la présidence de la République, souhaiterait plutôt de lui voir attribuer un pouvoir réel, car elle croit au jugé que la Constitution de 1875 ne l'a armée que d'un pouvoir nominal. Se trompe-t-elle beaucoup? C'est le point à examiner. En tout cas son erreur est excusable, la puissance législative ayant d'évidence entièrement absorbé la puissance exécutrice.

On ne peut préciser la nature de la charge présidentielle qu'en rapport de la fonction qu'on lui assigne dans le gouvernement. Le président de la République doit-il être simplement « l'ombre décharnée d'un roi fainéant », ou bien doit-il représenter — dans la pleine acception du terme — un chef d'État? La réponse à cette question capitale dépend de l'idée que l'on se fait du gouvernement et de ses conditions dans une république telle que la nôtre.

La République française est démocratique dans son principe et parlementaire dans son application. La totalité des citoyens, c'est-à-dire la souveraineté populaire, exerce le gouvernement en déléguant ses pouvoirs et en exprimant ses volontés par le suffrage universel. Quelle est la capacité constitutionnelle des délégués du souverain? Là-dessus, il y a divergence entre les théoriciens politiques. D'après certains, les délégués deviendraient — du fait de leur élection — la personnification complète de la souveraineté populaire, ils représenteraient en un corps omnipotent le souverain lui-même. Cette théorie substitue l'absolutisme de plusieurs à l'absolutisme d'un seul, elle remplace le despotisme d'un homme par la tyrannie d'une Assemblée. Contraire à la liberté comme à la raison, elle fait litière du principe fondamental des démocraties : l'inaliénabilité de la souveraineté. A la vérité, si l'élection est le principe, la délégation n'est que le moyen. Les délégués, autrement dit les députés, ne sont pas autre chose que les commis de la nation, ni plus ni moins. Ils ont pour commission de veiller à l'intérêt général et d'en surveiller l'administration, de dresser la fortune publique et d'en contrôler la gestion, de formuler les volontés du souverain et de les traduire en lois. Comme ils pourraient s'acquitter mal de leur commission, par incapacité, par égoïsme, par usurpation, on a institué la séparation des pouvoirs. Sans cette séparation, dit la Déclaration des droits de l'homme de 1789, aucune Constitution n'est possible. Rien de plus naturel. Pour qu'on ne puisse abuser du pouvoir, *il faut que, par la disposition des choses, le pouvoir arrête le pouvoir*. La maxime est de Montesquieu. Ainsi, en dehors de la puissance judiciaire, la puissance exécutrice intervient à côté de la puissance législative comme balance et contrepoids. Telle est la règle inéluctable de tout gouvernement parlementaire.

Le régime en vigueur étant essentiellement parlementaire a pour fondement naturel la séparation des pouvoirs. Cette séparation serait une chimère si l'on commençait par établir en principe la subordination de l'exécutif au législatif. Qu'est-ce qu'un pouvoir subordonné, sinon un pouvoir domestiqué ? L'équilibre des pouvoirs a pour première condition leur égalité. Accorder à l'un la prépondérance, la suprématie, c'est préparer le désordre, la confusion, c'est mettre en péril les garanties des libertés publiques. Les Constitutions ont précisément pour but de prévenir l'asservissement de l'exécutif par le législatif — ou inversement, en limitant leur action propre et en fixant leurs rapports réciproques. Les lois constitutionnelles de 1875, quoique sorties d'un chaos de pensers et d'espoirs contradictoires, ont nettement déterminé les sphères des pouvoirs destinés à former le gouvernement républicain. Il suffit de les lire pour se rendre compte que, contrairement à l'opinion généralement admise, les derniers constituants n'ont nullement eu l'intention de paralyser l'exécutif et son chef, ni d'instituer une présidence dévolue uniquement à un « laquais de l'Assemblée », pour parler comme ce modéré de Cormenin, mais au contraire une présidence réservée expressément à un homme écouté et respecté en qui le pays trouverait ce magistrat suprême que Prévost-Paradol appelait « le surveillant général de l'État ».

Les pouvoirs du président de la République sont précisés dans les deux lois des 25 février et 16 juillet 1875 relatives à l'organisation

des pouvoirs publics. En voici l'énumération :

1° Droit de rééligibilité ;

2° Initiative des lois concurremment avec
les membres des deux Chambres; promulgation, surveillance et exécution des lois votées ;

3° Droit de faire grâce ;

4° Disposition de la force armée ;

5° Nomination à tous les emplois civils et
militaires ;

6° Présidence des solennités nationales ;

7° Droit de dissoudre, sur l'avis conforme
du Sénat, la Chambre des députés avant
l'expiration légale de son mandat;

8° Droit de demander aux Chambres la
revision des lois constitutionnelles ;

9° Droit de convoquer extraordinairement
les Chambres ;

10° Droit d'ajourner les Chambres pendant
un mois, deux fois dans la même session ;

11° Droit de communiquer avec les Chambres par des messages ;

12° Droit, dans le délai fixé pour la promulgation des lois, de demander aux Chambres, par un message motivé, une nouvelle délibération qui ne peut être refusée ;

13° Négociation et ratification des traités.

A considérer cette liste des attributions présidentielles, on s'explique les paroles de Gambetta s'adressant à l'Assemblée nationale : « Nous avons consenti à vous donner le pouvoir exécutif le plus fort qui ait jamais été constitué dans une démocratie. » D'autres républicains, Louis Blanc en tête, estimaient même que c'était là un pouvoir plus que royal. Dix ans plus tard cependant, J.-J. Weiss, observateur des réalités, disait familièrement : « Le principe fondamental de la Constitution est ou doit être que le président chasse le lapin et ne gouverne pas. » Simple boutade d'homme d'esprit, pensez-vous. Non, car, bientôt après, Casimir-Périer, se prononçant avec l'autorité de l'expérience personnelle, écrivait au *Temps*, dans une lettre retentissante : « Le président de la République n'est qu'un maître des cérémonies[1] ».

Encore aujourd'hui, les avis sont partagés. Qui a raison ? Les uns prétendent que, si le président exerçait le moindre de ses droits, on crierait à la tyrannie. Les autres sont convaincus qu'il est impuissant, et volontiers ils diraient de lui, comme Saint-Simon de je ne sais plus quel personnage que l'on avait dépouillé jusqu'aux chausses, qu'il est « totalement tondu ». Examinons la question présidentielle sous toutes ses faces. Peut-être serons-nous ensuite en mesure de décider si le législateur de 1875, déterminant les pouvoirs du président, les a tous mis dans la Constitution — en omettant seulement la manière de s'en servir.

---

1. Voir le texte de cette lettre à l'Appendice.

CHAPITRE II

Le « gardien » de la Constitution.

CHAPITRE II

LE « GARDIEN » DE LA CONSTITUTION

Comment les anciens présidents ont conçu leur fonction.
— Thiers et le gouvernement personnel. — Mac-Mahon
et les principes constitutionnels. — Messages d'installation de leurs successeurs. — Chacun d'eux se déclare
avant tout le gardien de la Constitution. — Ils ont de la
fonction présidentielle une conception trop restreinte.

Envisager le présent et l'avenir du pouvoir
exécutif de notre République démocratique
et parlementaire, on ne peut s'y essayer sans
risquer un rapide aperçu sur la façon dont
les titulaires successifs de la fonction présidentielle l'ont comprise jusqu'à nos jours.
Faisons un retour en arrière, jetons un
regard sur ce passé vieux bientôt d'un demi-
siècle déjà. Eh! eh! un demi-siècle... Lorsque
Laboulaye, en juin 1875, rappelant devant

l'Assemblée nationale l'accueil sceptique fait à la Constitution des États-Unis dans ses débuts, montrait l'Amérique à la veille cependant d'en célébrer le centenaire, ceux de la droite, lui entendant souhaiter pareille fortune à la troisième République française, s'esclaffaient : « Les vendanges faites, la monarchie serait restaurée ! » En fait il y a quarante-deux ans que le régime républicain en France est établi (nominalement puis légalement), et l'élection du successeur de M. Fallières est la dixième élection présidentielle.

La liste chronologique des anciens présidents donne le tableau suivant : Thiers, démissionnaire ; Mac-Mahon, démissionnaire ; Jules Grévy, démissionnaire ; Carnot, assassiné ; Casimir-Périer, démissionnaire ; Félix Faure, mort en fonction ; M. Loubet, redevenu simple citoyen après avoir épuisé son mandat.

Même en tenant compte de la réélection

dont fut honoré Jules Grévy (il occupa l'Élysée neuf ans durant), voilà une nomenclature de chefs d'État assez signalétique. Pour huit élus, quatre démissions ! C'est là une moyenne plus que raisonnable. Peu importe, à première vue, la nature des causes qui amenèrent ces quatre remises anticipées des pouvoirs présidentiels ; d'ordre général ou d'ordre privé, leurs conséquences demeurent frappantes, et, à les peser toutes brutes, l'on se persuaderait dès l'abord qu'à n'en pas douter notre magistrature suprême porte en soi un vice de conformation. Ce serait se trop presser de conclure ainsi. A la réflexion, les démissions de Jules Grévy et de Casimir-Périer seules paraissent caractéristiques, celles de Thiers et de Mac-Mahon ayant surtout figuré parmi les péripéties historiques de la bataille livrée par les monarchistes et par les républicains sur la forme du gouvernement à constituer.

De plus, il ne faut pas oublier la différence

d'origines entre les deux premiers présidents et leurs successeurs, ceux-ci choisis par la réunion de deux Assemblées régulièrement organisées, ceux-là par une Assemblée unique peu à peu transformée en Constituante. Sans rappeler les quatre lois de circonstance sur le pouvoir exécutif faites — depuis l'élévation de Thiers jusqu'au septennat spécial de Mac-Mahon — avant les lois définitives des 25 février et 16 juillet 1875, peut-être y a-t-il utilité à se souvenir des conditions dans lesquelles il fonctionna au commencement du régime : d'un mot, ce fut un pouvoir exécutif à peu près semblable à celui qu'avait proposé Jules Grévy, dans un amendement fameux, à l'Assemblée de 1848 [1]. Le chef de l'État était lui-même le président du conseil des ministres, pleinement responsable, gouvernant sous le contrôle direct de l'Assem-

1. Au surplus, Jules Grévy est, avec Dufaure, l'un des sept auteurs de la loi du 17 février 1871 qui institua le pouvoir exécutif dont Thiers fut nommé le chef.

blée, ayant le droit de participer aux discussions et de défendre sa politique à la tribune,

Cette conception du pouvoir suprême étant en opposition absolue avec celle qui a prévalu dans notre organisme constitutionnel, pas n'est besoin de retenir la présidence de M. Thiers. D'ailleurs, apparemment que le vieil homme d'État entendait n'appliquer qu'aux souverains la célèbre formule avec quoi il avait dans sa jeunesse aidé à saper le trône de Charles X : « Le roi règne et ne gouverne pas », car, chargé à son tour de diriger la France, il pratiqua quant à lui, ouvertement et résolument, le gouvernement personnel. Trop imprégné de notre histoire révolutionnaire et parlementaire, il ne devait plus ressentir que du mépris pour les théories constitutionnelles de Sieyès, pour ses systèmes si falots qui aboutissaient à créer un Grand Électeur en ne mettant partout que « des ombres de gouvernement ». L'historien de Napoléon pensait comme son héros qu'il faut bien de la substance quelque part : où la mettre, si ce n'est dans le pouvoir exécutif ? M. Thiers, soutenu par son prestige et par son caractère, ne s'en priva point. L'en blâme qui osera ! La France doit à son gouvernement la libération du territoire et la consolidation de la République. A ce prix, quel citoyen ne lui pardonnerait de passagères tensions d'autorité ? Il fut regretté, tant pour ses services à la patrie que pour la manière active et large dont il exerçait ses hautes fonctions. Ayant toujours eu pour principe que ce qu'on gagne au service de l'État, on doit le dépenser pour le bien de l'État, jamais il ne lui vint à l'esprit de confondre la première magistrature du pays avec une fructueuse ferme en Beauce...

Le grand tort de ce président, ce fut de trop compter sur sa propre éloquence pour diriger l'Assemblée nationale. Quand il s'agissait de maîtriser les représentants, il n'avait confiance qu'en lui seul, et, comme il possédait le droit de parole, il en usait librement. Singulier attrait de la tribune ! Louis-Philippe lui-même, qui l'eût cru ? eût désiré parler aux Chambres ; plus d'une fois, à la veille d'un grand débat, il dit à ses ministres : « Ah ! si j'étais à votre place, comme je leur dirais ceci, comme je leur exposerais cela ! » Dangereuse illusion pour un chef d'État ! Parler devant une Assemblée délibérante, c'est sûrement devenir dans un laps de temps plutôt court la victime de ses fluctuations ou de ses intrigues : décidément, l'expérience de M. Thiers est suffisante.

Mac-Mahon ne s'adressa au Parlement qu'au moyen de messages : il en écrivit jusqu'à trois dans une même quinzaine ! C'est également par message que, conformément du reste à la Constitution, les autres présidents, de Jules Grévy à M. Fallières, ont communiqué avec les Chambres, mais si peu, si peu ! Des messages d'installation, des messages ou lettres de démission, en tout — pour eux tous, Mac-Mahon mis à part — pas même une dizaine...

Si pauvre soit la littérature présidentielle, c'est elle qu'il faut consulter d'abord pour découvrir l'idée personnelle de ses auteurs sur la charge dont ils se trouvaient revêtus. Mais on a beau lire, relire, analyser de près les messages d'installation, après, on n'est pas beaucoup plus instruit, tous ont un air de famille, il semble que ce soit la même main qui les ait rédigés. Cependant, attendez ! En voici un qui est original et tranché : « Le droit de la majorité, y est-il dit, est la règle de tous les gouvernements parlementaires... Le magistrat chargé du pouvoir exécutif n'est que le délégué de l'Assemblée en qui réside la seule autorité véritable et qui est l'expression vivante de la loi. Pendant que vous délibérez, messieurs, le gouvernement a le devoir et le droit d'agir. Sa tâche est, avant tout, d'administrer, c'est-à-dire d'as- surer par une application journalière l'exécu-

tion des lois que vous faites... Imprimer à
l'administration entière l'unité, la cohésion,
l'esprit de suite, faire respecter partout et à
tout instant la loi... » Voilà qui est fort bien !
Pas de meilleure définition des tâches diffé-
rentes qui incombent à chacun des deux pouvoirs : le législatif légifère, l'exécutif exécute.
Quel est donc le président qui osa proclamer
une vérité aussi élémentaire ? Courons à la
signature... Aïe ! c'est Mac-Mahon. Tant pis !
Pourquoi le maréchal, après avoir affirmé
des principes parlementaires aussi incontes-
tables, s'est-il avisé de se croire investi d'une
mission de la Providence et de partir en
guerre au nom des monarchistes contre ce
qu'il appelait « la faction », c'est-à-dire contre
la France républicaine ? Mais passons !

Dans les autres messages d'installation,
pas le plus petit exposé sur la séparation des
pouvoirs, pas la moindre allusion à l'art de
présider. De tous, on dirait des déclarations
ministérielles, et, en effet, l'on y trouve des

principes généraux sur les problèmes à l'ordre
du jour, sur les préoccupations sociales, sur
la fraternité, la solidarité et le maintien de la
paix. Oh ! tout cela est parfait, rien à y
reprendre, nous sommes tous pour la paix
universelle, pour la solidarité humaine, c'est
notre évangile. Mais la présidence ? je vous
prie. Ça n'est pas rien, sapristi ! Il faudrait
tout de même nous en dire un mot... Eh bien,
oui ! il y est, le mot, et c'est le même pour
tous les présidents : — Je serai le fidèle gardien de la Constitution !... Mac-Mahon avait
déjà dit ça, lui aussi ; seulement, s'exprimant
en soldat, il écrivait qu'il se tiendrait à son
poste comme une sentinelle...

Gardien de la Constitution, « gardien
vigilant et résolu », disait même le malheu-
reux Carnot, et il est vrai que c'est là le premier devoir du président de la République.
Chacun à son tour, les titulaires du pouvoir
exécutif ont revendiqué cette grande responsabilité. Et tous également, ou à peu près,

ont déclaré qu'ils ne laisseraient pas affaiblir entre leurs mains (ni méconnaître, insistait Casimir-Périer) les droits à eux conférés par la Constitution. En prenant cet engagement solennel devant la France, ils étaient sincères, c'est certain. Il n'est pas douteux que chacun d'eux a cru de bonne foi remplir tout son devoir. Mais ce devoir, comment l'entendaient-ils, quel sentiment en avaient-ils ? Toute la question est là. Or, il faut bien le dire, et déjà l'Histoire ne s'en défend pas, le sentiment du devoir qui les animait était trop particulier, trop localisé : c'était ce sentiment noble, mais étroit, qui soutient les chefs d'une armée en campagne. Lorsque, dans leurs messages, ils parlaient de leurs obligations, de leurs responsabilités, ces mots avaient un sens très spécial : ils pensaient à leur parti, ils pensaient à la République (qui le leur reprocherait ?), mais, dans leur exaltation démocratique, à leurs yeux s'engager à garder la Constitution, ce devait être la défendre uniquement contre les ennemis du régime — sans plus.

Là gît leur erreur. En s'obstinant à ne surveiller du haut de leur garde présidentielle que les survivants des « anciens partis », comme disaient nos pères, ils ont laissé grandir et dominer les pires ennemis de la Constitution — les tyrans parlementaires. Narquois, quoique un peu surpris, le pays a jusqu'ici laissé ces derniers se pousser. Maintenant il les trouve trop envahissants. La Constitution est-elle si démantelée qu'on ne puisse les y ramener et les y enfermer ? Son « gardien » le pourrait, s'il se décidait à faire sentir son action personnelle, action légitimée par ses droits constitutionnels — et désirée par la nation.

CHAPITRE III

De l'irresponsabilité présidentielle.

CHAPITRE III

DE L'IRRESPONSABILITÉ PRÉSIDENTIELLE

Le principe d'irresponsabilité devant les républicains. —
Libéraux et jacobins. — La responsabilité ministérielle
et l'autorité gouvernementale. — Préventions élyséennes.
— L'indépendance du pouvoir exécutif est l'une des conditions du système représentatif. — Le fait de constituer
les ministères entraîne la responsabilité présidentielle.

Celui à qui l'on décerna le surnom de Père
de la Constitution, Henri Wallon, haran-
guant un jour le Sénat en sa qualité de doyen
d'âge, affirmait que le président à qui a été
confié le pouvoir exécutif n'a rien à envier
des prérogatives d'un souverain constitutionnel. Bien des gens jugèrent l'affirmation un
peu vaine, lesquels ne distinguaient point de
différence — quant aux entraves apportées à
l'action personnelle — entre le président de la

République et le premier souverain constitutionnel français, si exactement défini par Carlyle « le roi Soliveau ». Néanmoins la parité établie par Wallon entre ces deux espèces de chefs d'État du genre constitutionnel découle d'un même principe fondamental : le principe de l'irresponsabilité.

Il est vrai, constitutionnellement, l'irresponsabilité est la règle de notre magistrature présidentielle. Jusqu'au régime instauré par les lois organiques de 1875, les théoriciens politiques en France avaient toujours considéré la responsabilité comme une nécessité d'état pour le chef d'un gouvernement républicain. C'est dans cette conviction qu'avant la révolution de Juillet les rédacteurs du *National*, envisageant l'hypothèse d'un échec pour la monarchie constitutionnelle irresponsable qu'ils allaient bientôt substituer à la monarchie de droit divin, s'écriaient : « Alors, nous passerons l'Atlantique ! » C'est-à-dire qu'au besoin ils eussent engagé la France à

faire l'essai des institutions des États-Unis —
y compris son système de présidence. L'idée
n'était point particulière au triumvirat de
presse formé par Thiers, Mignet et Carrel.
Naturellement, par contre, elle souriait peu
aux héritiers des Jacobins, toujours rêvant du
pouvoir omnipotent d'une Assemblée unique,
de la dictature d'une Convention, et qui, en
1848, écriront que le système de Montesquieu, que la séparation des pouvoirs en
démocratie est « une niaiserie ». Mais les
libéraux, les partisans des libertés constitutionnelles, s'accordaient à reconnaître qu'il
ne peut y avoir d'autorité sans responsabilité,
que la responsabilité est essentiellement la
raison d'être de la République. Doctrine ren-
forcée par les puissantes études de Tocqueville sur la démocratie américaine, elle re-
trouva à l'Assemblée nationale de 1871 des
adeptes persistants, tels que Thiers et Dufaure, et jusqu'à M. de Broglie. Seulement
les circonstances étaient telles qu'elle ne pou-

vait triompher ni des préjugés des uns, ni des arrière-pensées des autres : il fut décidé que le président de la République ne serait responsable que dans le cas de haute trahison.

Ce n'est donc pas la responsabilité présidentielle qui est le pivot de notre pouvoir exécutif, c'est la responsabilité ministérielle. Les ministres, précise la Constitution, sont solidairement responsables devant les Chambres de la politique générale du gouvernement. Cette prescription fut admise en 1875 comme étant le principe même de la République parlementaire. Sous la présidence de Carnot, un débat s'étant ouvert à la Chambre sur le pouvoir exécutif, Casimir-Périer, chef du cabinet, expliqua la pratique du régime : « C'est un ministère ayant la confiance d'une majorité, gouvernant avec cette majorité, ayant la responsabilité du pouvoir, et puisant dans la confiance même du Parlement l'autorité qui lui est nécessaire pour parler fermement au dedans et au dehors. » Un tel commentaire, dans la bouche du futur président démissionnaire, peut paraître piquant. Il en est un autre qu'il importe également de rappeler, afin de ne laisser subsister aucune équivoque sur la vérité des droits présidentiels.

Je veux parler de l'ordre du jour voté par la Chambre des députés, le 17 mai 1877, sur la proposition de Gambetta et de Lepère. On sait que la veille — le Seize-Mai — Mac-Mahon avait renvoyé *proprio motu* le cabinet Jules Simon, à qui il reprochait de n'être pas intervenu à la Chambre dans certaines discussions en cours. En cet acte (qui n'était que la suite inévitable d'une situation très tendue), les députés républicains virent, comme le disait Gambetta à M. de Freycinet, une tentative de pouvoir personnel. Ils répondirent par l'ordre du jour dont s'agit : « La Chambre... considérant que la prépondérance du pouvoir parlementaire, s'exerçant par la responsabilité ministérielle, est la première condition du gouvernement du pays par le pays, que les lois constitutionnelles ont eu pour but d'établir, déclare que la confiance de la majorité ne saurait être acquise qu'à un cabinet libre de son action. » Cette déclaration historique vaut toutes les théories, et l'on a là, mieux qu'en cent définitions, ce que l'on entend couramment par la formule : *la sincérité du régime parlementaire.*

Ainsi nous voilà fixés. L'autorité gouvernementale appartient aux ministres. A eux l'orientation générale de la politique et la direction des affaires publiques, à eux l'initiative, la décision, l'exécution.

Or, dans tout cela, que devient le président ? Les ministres gardant pour eux toute l'action gouvernementale, que lui reste-t-il ? A côté d'eux, au milieu d'eux, au-dessus d'eux, présidant leurs conseils, ne fera-t-il figure que de sourd et de muet ? Réponse à ces questions a été faite, et par un président même, par M. Fallières. En présidant le conseil pour la première fois, il tint aux ministres ces propos significatifs : « Je vous dirai toujours très franchement mon sentiment, dût-il vous déplaire. Vous trouverez en moi un conseiller sincère, un ami sûr, et, à l'occasion, un critique ; mais la netteté même de cette attitude vous garantira que, pas plus sous ma présidence que sous celle de mon prédécesseur, il n'y aura, à l'encontre du gouvernement, une *politique de l'Élysée.* » En toute équité, on ne pouvait émettre une plus juste idée du rôle attribué au chef de l'État d'après la lettre de la Constitution et d'après la tradition. La Constitution semble ne lui reconnaître (d'accord avec la nouvelle école républicaine) qu'un pouvoir impersonnel, effacé, annihilé. Donc, sa fonction se réduirait à celle d'arbitre, — d'un arbitre privé de sanction. Il ne serait qu'un spectateur d'autant plus indifférent qu'il n'aurait pour unique souci — fidèle en cela à sa mission ainsi limitée — que de dissiper les « préventions élyséennes » qui viendraient à se glisser dans le Parlement. Si cette interprétation traduit vraiment la lettre de la Constitution, en reflète-t-elle complètement l'esprit ? Autant dire qu'il y a incompatibilité entre le gouvernement démocratique et les nécessités gouvernementales !

Il y a seulement, de nos jours, dans les milieux politiques, incompréhension, ou, si l'on préfère, déviation.

Nul être intelligent n'admettra qu'un homme soit juché au sommet du pays, au nom de la France elle-même, pour y demeurer à l'état de cadavre inerte. Cela répugne à la raison et à la nature. Il faut le répéter, le gouvernement représentatif, de quelque étiquette qu'il se pare, a pour première condition l'indépendance du pouvoir exécutif à côté du pouvoir législatif, tous deux ayant pour juge suprême — dans une démocratie — la souveraineté populaire. C'est la logique même ! L'indépendance entraîne avec soi la liberté d'action, non pas une liberté absolue, parbleu ! puisque l'un et l'autre pouvoir ne sont que des agents de la nation, agents limités par la Constitution, contrôlés par l'élection, mais une indépendance assez effective pour se manifester en actes précis. Il n'est donc pas question d'assimiler en quoi que ce soit le pouvoir présidentiel au pouvoir absolu. On n'attend de lui ni qu'il impose sa volonté par caprices, ni qu'il s'arroge le droit de modifier la loi à sa guise ou de la paralyser en dehors des règles constitutionnelles. Les actes d'usurpation sont contraires à son principe même. Mais, dans sa sphère légale, il doit avoir une latitude d'action, une part d'autorité telles qu'il puisse faire sentir son influence, ne serait-ce en somme que pour justifier son existence devant le pays, pour ne pas paraître à ses yeux un simple mannequin.

Si ce principe d'action n'était pas lié à la présidence de la République, on ne s'expliquerait pas, sans aller plus loin, en vertu de quelle règle la première prérogative du chef de l'État constituerait l'acte le plus considérable du gouvernement, c'est-à-dire le choix et la révocation des ministres.

Je n'ignore pas la loi suprême de notre République parlementaire : la majorité impose les ministres de son goût, le président en les nommant ne fait qu'enregistrer sa volonté. Telle est en effet la règle du gouvernement du pays par le pays. Le corps électoral ayant exprimé par ses suffrages quelle sorte de politique il attend des pouvoirs publics, il est normal que le Parlement, lui obéissant, indique à son tour ses préférences au cours de ses délibérations, ensuite qu'en conformité d'un vote décisif le président confie la direction des affaires aux « hommes de la chose ». Encore une fois, ce paraît être la règle inflexible de notre régime : l'applique-t-on toujours, et comment ?

Selon Goblet, presque jamais elle n'aurait été observée. Il s'efforça de le démontrer devant la Chambre dans un discours dirigé en partie contre la présidence de la République, et c'est précisément à lui que répondait Casimir-Périer par les paroles plus haut citées. A l'en croire, la prépondérance du président dans le choix des ministres serait plus que réelle — elle serait excessive. Je crois qu'il exagérait. Du moins, depuis cette époque (la discussion avait lieu en 1894), on a cru s'apercevoir que la prépondérance dénoncée avait singulièrement diminué. Cependant il semble assez naturel que le chef de l'État ne prenne pour délégués de son pouvoir exécutif que des hommes dignes de son estime et de sa confiance. C'est un acte qui engage en plein sa responsabilité morale. Sans doute ses choix ou ses exclusions risquent d'influer sur la politique générale.

Justement ! Voilà où commence son initiative, voilà où prend corps cette responsabilité dont la Constitution repousse en apparence le principe et dont tous les présidents parlent dans leurs messages d'installation. En fait, il est inexact que ce soit la Chambre qui désigne les ministres. « Tant que je serai à l'Élysée, disait un président à propos d'un personnage très connu, Z... ne sera jamais ministre ! » Il tint parole : Z... devint bien ministre, mais l'Élysée avait changé d'hôte[1].

1. Propos tenu. dit-on, par M. Loubet sur M. Clemenceau.

CHAPITRE IV

Du choix des ministres.

CHAPITRE IV

DU CHOIX DES MINISTRES

Rôle supérieur du président dans la nomination des ministres. — Il les désigne en s'inspirant des tendances du pays. — Exemples de son indépendance et de sa liberté d'action. — Il doit les prendre dans la majorité du Parlement, mais il garde son initiative quant au choix des hommes. — S'il subit l'intervention des groupes parlementaires, il laisse avilir la prérogative présidentielle. — Le choix des ministres est une première démonstration de sa responsabilité.

Je dis que le fait de choisir les ministres, la tâche délicate de distinguer les hommes destinés à coopérer avec lui à la direction effective des affaires du pays, je dis qu'une responsabilité aussi redoutable — dont les destinées de la France en somme dépendent! — impose au président de la République l'obligation d'exercer son action personnelle avec latitude et autorité. Que la pratique souvent ait contrarié ce principe, c'est malheureusement indéniable ; que les noms des ministres aient été écrits purement sous la dictée non pas tant de la Chambre elle-même que de personnages ou de groupes usurpateurs, cela s'est vu. Alors le président se comportait, selon l'expression de Jules Simon, comme un simple secrétaire, comme un interprète : ce faisant, il trahissait son devoir. Consultez, si vous le voulez, les maîtres contemporains en droit constitutionnel, vous les verrez qui, s'ils s'accordent à placer la puissance motrice du gouvernement dans le ministère, attribuent par contre au président un rôle supérieur dans le choix des ministres.

De par la règle fondamentale du régime représentatif, le ministère émane de la majorité parlementaire, cela est sans conteste. Il en sort, il en exprime l'opinion générale, parce que cette majorité est l'organe direct de la souveraineté populaire, qui est, elle, l'origine première du pouvoir ministériel. Ainsi celui-ci, regardant le souverain à travers le serviteur figuré par la majorité, ne doit se faire l'instrument de la politique d'un parti qu'à la condition que cette politique reflète l'idée du pays. C'est en ce sens que Chateaubriand pouvait écrire, en ses admirables pages sur la monarchie constitutionnelle, que l'opinion publique est la source et le principe du ministère — *principium et fons*. C'est également dans ce sentiment qu'au lendemain de l'échec des tentatives rétrogrades des cabinets Broglie et Rochebouët, tous deux mis en minorité, l'un devant le pays, l'autre devant le Parlement, les présidents du Sénat et de la Chambre conseillaient au chef de l'État de renoncer à une résistance condamnée par l'opinion, de constituer un ministère conforme à la majorité issue des urnes électorales. Mais, les volontés de la nation étant connues, le Parlement les ayant traduites en des votes formels, le président de la République est-il tenu d'en confier l'exécution à tels hommes politiques plutôt qu'à tels autres ?

Sur ce point, inutilement consulterait-on les lois organiques de 1875. Notre Constitution est réputée pour sa concision, ce n'est pas sans raison ! Sans compter qu'elle ne dit mot des droits des citoyens ni de leurs garanties, et de bien d'autres choses encore, elle s'abstient tout à fait de parler des conditions dans lesquelles doit s'effectuer la nomination des ministres, elle ne la mentionne même pas. D'où cette conséquence que les lois constitutionnelles ne limitent point l'indépendance du président dans ses choix : leur silence respecte entièrement sa prérogative. Seule la tradition établit la procédure appliquée à la formation des cabinets, et cette tradition même — toute conventionnelle — n'est pas si raide que le président en soit tellement gêné.

A la vérité, une fois déterminées les tendances du pays, aucune règle stricte ne saurait restreindre la seule autorité qui ait le droit de choisir et de désigner les ministres, l'autorité présidentielle. Naguère un radical, M. Bourgeois, le rappelait à la Chambre[1], disant que toute autre désignation (celle du Parlement) amènerait une confusion de pouvoirs. Auparavant M. Loubet, étant président du conseil, avait nettement admis, dans un discours au Sénat[2], que les ministres sont les délégués du chef du pouvoir exécutif, lequel exerce ce pouvoir par leur intermédiaire. Il suit de là, c'est l'évidence même, que le président possède une liberté complète dans le choix de ses agents d'exécution dénommés les ministres. L'histoire des trente dernières années en fournirait plus d'une preuve démonstrative. Sans passer en revue les crises ministérielles (ce serait une digression trop

1. Séance du 13 juin 1898.
2. Séance du 20 juin 1892.

étendue), j'en veux rappeler deux particulièrement caractéristiques, deux crises dénouées
par le président sans indication préalable des
représentants, mieux, hors session.

En septembre 1880, le cabinet en exercice
s'étant gravement divisé sur l'opportunité et
la manière d'appliquer les décrets relatifs aux
congrégations, son chef, M. de Freycinet,
porta sa démission au président Jules Grévy.
On était en pleine période de vacances parlementaires : le président allait-il, usant de son
droit, lancer une convocation extraordinaire
des Chambres ? Point. Il essaya d'abord
d'amener M. de Freycinet, pour qui il avait
un faible, à retirer sa démission ; n'y ayant
pas réussi, il forma — sans prendre conseil
que de lui-même — un autre ministère, et,
sa prérogative ainsi exercée en toute responsabilité, il s'en alla tranquillement chasser le
lapin à Mont-sous-Vaudrey.

En mai 1902, au lendemain d'élections
législatives générales, le président du conseil,

malgré l'imposante approbation donnée à sa politique par le corps électoral, décida de quitter le pouvoir sans se présenter devant la nouvelle Chambre. C'était Waldeck-Rousseau. Le président Loubet s'employa vainement à le faire revenir sur sa détermination. Il dut le remplacer. La situation était délicate. Le pays venait d'être consulté dans ses comices, la Chambre nouvellement élue arrivait à peine à Paris, le ministère partait avant qu'elle eût émis un seul vote politique. Le président de la République se trouvait ainsi obligé de dégager lui-même le sens général des récentes élections, et de désigner, de sa propre initiative, les hommes le mieux qualifiés à ses yeux pour représenter au gouvernement l'opinion du pays. Nulle occasion plus belle d'exercer librement sa prérogative souveraine.

Cela ne convenait pas à tout le monde ; l'on tenta, indirectement, de s'y opposer par des pressions diverses. L'un des chefs du parti radical, non le moindre, M. Clemenceau, essaya d'une démarche comminatoire auprès de Waldeck-Rousseau : « — Répétez-lui, fit-il à un ami commun, ce que je vais vous dire. Il ne peut pas partir ainsi : il faut qu'il aille à la Chambre pour lui permettre d'exprimer un vote qui influence le président de la République. Qu'il paraisse à la tribune ! On le couvrira de lauriers, il montera au Capitole, et, le lendemain, il démissionnera. Sinon, *il y perdra sa présidence !* — L'Élysée? Si vous saviez à quel point ça le touche peu... — Alors je l'empêcherai de revenir au ministère. Dites-le-lui. » En écoutant ces propos fidèlement rapportés, Waldeck-Rousseau eut l'un de ces petits rires silencieux où perçaient sa joie et son ironie : « — Vous lui répondrez que je refuse de me prêter à semblable manœuvre. Ma décision est irrévocable. Si j'éprouvais la moindre hésitation à démissionner dans les conditions que je me suis fixées, cette rassurante menace pour l'avenir suffirait à me l'enlever. » Par suite, le président Loubet resta maître de ses choix ; il eut liberté de se livrer à une enquête personnelle et réfléchie, de consulter à sa guise les uns et les autres, mais il était maître de constituer finalement le nouveau ministère selon son inspiration intime et non d'après un ordre du jour tendancieux des parlementaires.

Ces deux cas sont décisifs. Ils établissent que le président n'a pas besoin de l'intervention des représentants pour choisir ses ministres. Son devoir lui commande seulement de se conformer aux volontés du pays en les prenant dans la majorité. D'accord avec la nation sur la politique générale à suivre, son initiative reste entière en ce qui concerne la désignation des hommes appelés à la diriger.

D'aucuns s'imaginent qu'à l'ouverture d'une crise ministérielle le président doit réserver la formation du cabinet à l'orateur qui l'a provoquée. A ce compte, jadis, M. Clemenceau eût été appelé à l'Élysée une douzaine de fois ; or, il ne le fut pas une seule alors, et, de cet exemple fameux, il appert que le « tombeur » n'est pas forcément le profiteur. Ce serait trop simple, et, souvent, un peu ahurissant. Un protocole plus compliqué pèse sur les crises ministérielles. On le connaît. Le chef de l'État commence par analyser la situation parlementaire avec les présidents du Sénat et de la Chambre appelés tour à tour. Constitutionnellement, il n'est pas tenu à cette formalité ; l'usage la lui fait observer, et aussi une déférence réglementaire pour les Chambres, mais la double consultation ne le lie pas : il lui est loisible, audience donnée aux présidents, de passer outre à leur avis. La coutume depuis longtemps s'est élargie, au point qu'aujourd'hui le chef de l'État, en temps de crise, échange des vues avec toutes sortes de personnalités politiques. C'est à l'Élysée un défilé de sénateurs et de députés,

présidents ou vice-présidents de groupes
plus ou moins étoffés, qui veulent bien pro-
mettre leur appui à la future combinaison
pourvu qu'elle comprenne leurs acolytes —
ou eux-mêmes. Que le président, désirant
s'éclairer en des entretiens avec les porte-
parole des partis, mande deux ou trois personnages autorisés, c'est prudence, et il n'y a
qu'à s'incliner. Mais qu'il convoque une
quinzaine de parleurs et intrigants, qu'il
recueille de leur bouche des considérations
étrangères à l'intérêt supérieur du pays, c'en
est trop. L'introduction de ces mœurs est
l'une des causes pour lesquelles la prérogative présidentielle comprenant le choix des
ministres s'est peu à peu déformée jusqu'à
s'avilir, tant il est vrai que l'oubli des principes entraîne la confusion et l'abdication.

Enfin le président, suivant son jugement
personnel ou celui des consultants, confie à
un homme politique le soin de former le
cabinet. L'élu choisira-t-il ses collaborateurs

sans en référer au président? Au point de vue parlementaire, c'est le droit. M. de Freycinet a raconté sur ce sujet une scène typique entre le président Mac-Mahon et M. Dufaure. Le maréchal considérait comme une question de principe de se réserver le choix des titulaires de la Guerre, de la Marine et des Affaires étrangères. M. Dufaure lui refusa cette possibilité, d'où rupture des premières négociations ; amené à les reprendre pour sortir de difficultés inextricables, le maréchal annonça à M. Dufaure qu'il renonçait à ses prétentions : « Messieurs, dit-il, vous voyez ma position, je suis obligé d'accepter vos conditions. » Le fait serait péremptoire si l'on ne se souvenait que cela se passait après le Seize-Mai, que le maréchal vaincu subissait la loi du vainqueur, que la confiance de la majorité républicaine encore en bataille ne devait aller qu'à un cabinet visiblement homogène, solidaire, républicain. Combien différente est la situation d'un chef de cabinet en gestation vis-à-vis d'un chef d'État qui agit de concert avec la France !

Entre eux, il est logique qu'une entente préliminaire se forme sur la composition du cabinet. Le président du conseil réunit tous ses collaborateurs selon son idée, bien ! mais le président de la République peut, sans écouter même ses préférences, simplement pour des raisons d'ordre général, lui suggérer utilement des changements de personnes. Car il a le devoir de veiller à ce que les services de l'État ne soient pas remis à des mains débiles, ou maladroites, ou disqualifiées. Il a le droit d'exiger qu'on n'abuse pas de sa confiance pour former un ministère qui ne serait qu'une collection de politiciens chargés de faire les affaires des groupes parlementaires sans souci des intérêts publics.

C'est bien par le choix des ministres que le président de la République affirme son autorité, qu'il prend ses premières responsabilités, qu'il sert le mieux son pays. En effet, les hommes installés par lui dans les fonctions gouvernementales, ce sont ceux avec lesquels il va travailler, face à face, eux représentant les partis, lui la nation.

CHAPITRE V

*Droits et devoirs du président
envers les ministres.*

CHAPITRE V

DROITS ET DEVOIRS DU PRÉSIDENT
ENVERS LES MINISTRES

Le président et le Conseil des ministres. — Son action selon Prévost-Paradol et Benjamin Constant. — De l'influence des chefs d'État dans les régimes constitutionnels. — Ascendant légitime du président de la République. — Nécessité de son accord avec les ministres. — Son rôle dans les conseils de gouvernement : collaboration et surveillance.

Les ministres étant les intermédiaires responsables entre le Parlement et la présidence, choisis par l'une pour satisfaire aux aspirations de l'autre, le pouvoir qui les délègue ne saurait être un pouvoir subordonné. Il a droit à une action propre, c'est dans l'esprit et la lettre de la Constitution, et son autorité doit commencer par s'exercer sur le ministère même. Quoi de plus logique? Les Assemblées stimulent et contrôlent le ministère du point de vue parlementaire, le président l'aiguille et le contrôle du point de vue national.

Cette théorie se fonde sur l'intérêt public et sur la raison. Elle n'est donc pas en honneur chez les partisans de l'omnipotence parlementaire. D'après eux, le chef de l'État ne doit présider le conseil des ministres que pour la forme, il ne peut prendre part aux délibérations, ni se mêler à l'examen des affaires, ni manifester aucune opinion, ni exercer aucune action politique, sous prétexte que son « irresponsabilité » lui défend de formuler jusqu'à un soupçon de volonté. Quel homme intelligent accepterait de jouer sept ans durant ce rôle de muet inerte et passif? Même en pesant la riche dotation qui est le prix du sacrifice, plus d'un s'écrierait : « Grand merci! J'aime mieux ma mie, ô gué ! J'aime mieux ma mie ! »

Je sais bien que Prévost-Paradol admettait, dans un gouvernement représentatif, cette soumission de l'exécutif. Ses préférences allaient à un cabinet qui, appuyé sur la majorité parlementaire, pourrait tout faire, « *excepté*, selon le dicton constitutionnel de nos voisins, *changer un homme en femme* », tandis que le chef de l'État le regarderait gouverner, lui impassible et impuissant. Il faut tenir compte de ce que cela était pensé sous le second Empire, que Prévost-Paradol, d'une part, rêvait d'une nouvelle monarchie constitutionnelle qui offrirait plus de garanties que sa devancière au pays ; d'autre part, qu'il était porté à exagérer le pouvoir ministériel par opposition au pouvoir personnel de Napoléon III ; enfin qu'il manquait à son raisonnement l'expérience concluante d'une République représentative ayant fonctionné régulièrement pendant quarante ans. De conception philosophique plus haute, en outre analyste moins indulgent des ressorts de l'âme humaine, particulièrement de l'âme des hommes politiques, Benjamin Constant avait mieux compris la nécessité pour une République parlementaire d'attribuer à son chef suprême un pouvoir capable d'exercer sur les ministres une autorité efficace. D'ailleurs, il lui paraissait anormal que l'on plaçât un pouvoir républicain irresponsable en face d'un ministère responsable, et j'ai déjà eu l'occasion de rappeler que cette thèse était également celle des anciens républicains. Il prévoyait bien que les ministres tout-puissants deviendraient les rivaux de l'exécutif désarmé, qu'au besoin ils l'annihileraient tout à fait. Et, en logicien rigoureux, il se demandait — le gouvernement ne pouvant rien faire que par les ministres — quelle serait l'utilité du pouvoir supérieur au ministère.

Il est vrai que, président de République ou souverain constitutionnel, on ne s'est jamais en France bien mis d'accord sur le rôle réciproque des ministres et du chef de l'État.

Pendant toute la durée de la monarchie de Juillet, les adversaires du « système » (on appelait ainsi la politique pacifique et conservatrice de Louis-Philippe) prétendirent que l'irresponsabilité royale équivalait à la nullité royale, de même qu'aujourd'hui l'on entend des politiciens conclure de l'irresponsabilité présidentielle à la nullité présidentielle. La question donna lieu devant la Chambre à des débats restés célèbres dans notre histoire parlementaire. S'expliquant sur le devoir des ministres, Guizot y dit qu'il consistait à faire prévaloir auprès du roi les mêmes idées, les mêmes mesures, la même politique qu'ils voulaient et pouvaient eux-mêmes faire prévaloir dans les Chambres. Revenant sur ce sujet dans ses Mémoires, à propos de l'accord qui exista si longtemps entre le roi et son ministère, il en trouve la cause dans la communauté de leurs opinions, se défendant d'avoir jamais cédé au monarque par complaisance, montrant au contraire le cabinet se refusant à ses désirs lorsqu'il les jugeait incommodes, le roi écoutant les objections, cessant d'insister ou de résister, même lorsque les choses demandées lui déplaisaient. Mais Guizot reconnaît que, dans tout gouvernement libre, le chef de l'État exerce infailliblement, dans la mesure de son habileté et de son caractère, une part d'influence : « Partout où la monarchie constitutionnelle a existé, la personne du monarque, ses opinions, ses sentiments, ses volontés n'ont jamais été des faits indifférents, et les plus indépendants, les plus exigeants des ministres en ont toujours tenu grand compte. » L'exemple de l'Angleterre illustre brillamment cette vérité. Nul ne méconnaît l'influence qu'a eue Édouard VII sur la politique extérieure, nul n'ignore l'action prépondérante exercée auparavant par la reine Victoria. Les hommes d'État anglais ont raconté eux-mêmes comment la Souveraine les conseillait, les amenant à partager ses avis, contrôlant de près les affaires du royaume, intervenant avec succès dans les graves crises de la politique intérieure ou extérieure, aidant par son action même à maintenir les traditions constitutionnelles, acquérant sur les ministres une autorité respectée, moins peut-être par son intelligence large et avisée que par sa merveilleuse intuition des sentiments du peuple anglais. Car c'est là une maxime dont il faut bien se pénétrer : souverain constitutionnel ou président de République, le chef d'État d'un régime représentatif ne peut avoir sa légitime part d'influence dans les conseils de ministres qu'à la condition d'y traduire les sentiments et les idées de la nation dont il est la personnification.

Si, de sa mission, le président de la République se fait une idée aussi noble, et c'est celle-là qui doit, avant toute autre pensée, l'inspirer et le guider, il lui sera facile de se mettre d'accord sur l'exercice de ses droits avec le chef responsable du gouvernement : on n'échappe pas à l'ascendant qui s'impose de par l'autorité morale jointe à une intelligence ferme pour le bien public. Dès leur premier échange de vues, à la constitution du ministère, le président et le futur chef du cabinet doivent examiner minutieusement la situation générale et ses obligations. De cette prise de contact, qu'il résulte entre eux une entente d'ensemble sur la conduite des affaires. Qu'à côté des nécessités parlementaires invoquées par le chef du cabinet, préoccupé à juste titre de rallier la majorité sans laquelle son ministère ne pourrait vivre, le président, fort de sa connaissance de l'opinion, la fasse intervenir au débat. Que le cabinet ne soit pas formé uniquement en vue des groupes politiques, que sa composition contente, qu'elle rassure la masse des citoyens. S'accordant sur ce point initial, les deux présidents reconnaîtront sans peine que la première qualité d'un ministère, ce doit être l'homogénéité, qu'à tout le moins, si la situation commande à des hommes de principes différents un rapprochement imposé par la gravité des circonstances, une même politique générale les doit réunir désormais aux yeux du pays. Dès lors, il ne pourra plus être question pour le président d'être relégué dans une neutralité humiliante. Son action sur le cabinet s'expliquera d'autant mieux qu'il aura *réellement présidé* à sa constitution, que son influence se sera *exercée réellement* dans le choix des hommes et l'examen des choses. Il naîtra l'harmonie indispensable dans les rapports des représentants du gouvernement pour que chacun y travaille utilement, à son rang, dans l'intérêt général.

On a beaucoup glosé, depuis pas mal d'années, sur la façon dont se tiennent les conseils de ministres. On a prétendu que, sous l'œil indifférent du président, les membres du cabinet y passent d'habitude leur temps, tantôt à se demander quel peut être l'auteur de tel article de presse un peu vif à leur endroit, tantôt à rechercher les moyens d'atténuer les effets d'une interpellation annoncée, le plus souvent à combiner par un dosage habile la distribution des emplois et des faveurs à leur clientèle parlementaire. Et cette peinture a plus d'une fois exprimé la réalité, et c'est la formule « le conseil a expédié les affaires courantes » qui en déroba les couleurs trop crues au public. Ai-je besoin de dire qu'il se trouve — de loin en loin — des présidents du conseil assez soucieux de leur devoir et de leur dignité pour ne pas donner une pareille parodie de gouvernement ? Mais quand ceux-là ne sont pas en fonction, et c'est trop souvent ! quand le pouvoir est occupé par des figurants, des fantoches même, n'est-ce pas au président à les rappeler à l'ordre ? Certes, il eut tort de les choisir ; mais il a pu se tromper, il peut regretter son choix : raison de plus pour lui de remplir son office, qui est de surveiller les agents supérieurs de l'État.

L'erreur est grande d'avancer qu'il doit présider les conseils de ministres pour la forme, purement. Il a le droit d'y parler, d'y discuter, d'y convertir les ministres à ses idées personnelles. Sur les décisions à prendre, les propositions à arrêter, les nominations civiles ou militaires à signer, il donne son opinion, et au besoin il oppose un refus définitif. Sur les projets de loi à présenter, il a le premier voix au chapitre, puisque, par sa signature, il engage sa responsabilité. En tout et sur tout, son action peut s'exercer avec efficacité. Même, s'il est — comme toujours il devrait l'être — capable, expérimenté, travailleur, nulle question intéressant n'importe quel département ministériel ne lui doit rester étrangère. Tous les problèmes qui surgissent au jour le jour, d'affaires, de finances, de défense nationale, en un mot toutes les parties du vaste domaine de la politique intérieure et extérieure, sa position lui fait un devoir de les connaître aussi bien que chacun des ministres techniques. On n'est un chef d'État digne de son pays qu'à la condition de le servir avec un dévouement éclairé et incessant.

Collaboration effective d'une part, surveillance supérieure d'autre part, tel se précise le rôle du président de la République dans le gouvernement. Pour les ministres, au dire de Benjamin Constant, il y a mille manières de nuire à l'État. En contrôlant leurs actes d'un œil vigilant, le président réduira ces mille manières au strict minimum. Par exemple, il peut mettre les ministres en garde de troubler l'administration intérieure du pays par des mesures désordonnées, comme aussi il peut les obliger d'assumer leurs propres responsabilités au lieu de s'en décharger par tactique sur des fonctionnaires subalternes, faiblesse coupable d'où découle bientôt la décomposition de l'organisme social. Un contrôle, une surveillance semblable n'est pas chose facile, sans doute. Cela exige perspicacité, tact, délicatesse. Malgré ces qualités, des désaccords partiels, sur les questions d'ordre général ou d'ordre particulier, surgiront au sein du gouvernement. En prenant le bien public comme règle directrice, président et ministres termineront leurs différends momentanés à l'amiable. « Le mal, disait un jour Louis-Philippe à ses ministres, c'est que tout le monde veut être chef d'orchestre, tandis que, dans notre Constitution, il faut que chacun fasse sa partie et s'en contente. Je fais ma partie de roi ; que mes ministres fassent la leur comme ministres ; si nous savons jouer, nous nous mettrons d'accord. » Que de malentendus évités, le président tenant le même langage aux ministres de la République !

Si le président de la République est doué de sagesse, de fermeté, de clairvoyance, son rôle dans les conseils du gouvernement devient, on le voit, considérable. Au lieu d'en gémir, il faut s'en applaudir. Plus solide sera son action appuyée sur les sentiments du pays, plus imposant, plus qualifié, le magistrat suprême de la France apparaîtra devant l'étranger.

CHAPITRE VI

Responsabilité générale du président dans la politique extérieure et la défense nationale.

CHAPITRE VI

RESPONSABILITÉ GÉNÉRALE DU PRÉSIDENT DANS LA POLITIQUE EXTÉRIEURE ET LA DÉFENSE NATIONALE

Le président est le chef direct de l'armée et de la diplomatie. — Il peut prendre le commandement des troupes. —
Des nominations aux emplois militaires. — Collaboration du président avec les Conseils supérieurs de la
Guerre et de la Marine. — Surveillance militaire et
prévoyance diplomatique. — Relations de l'Élysée avec
les puissances étrangères et leurs représentants accrédités. — L'action personnelle du président dans les
affaires extérieures.

Occupe-t-il dans le gouvernement de la
République un emploi médiocre, insignifiant, inutile, est-il vraiment dépourvu d'autorité sur les ministres, l'homme à qui la
Constitution attribue — avec la disposition
de la force armée — la négociation et la

ratification des traités, l'homme à qui la France confie la responsabilité générale de sa politique extérieure et de la défense nationale ?

Sur ce chapitre essentiel, on ne saurait prétendre que le principe constitutionnel soit sujet à contestations, que son application dépende des appréciations ou des interprétations. Non, il ne s'agit ici ni de doctrines abstraites fertiles en commentaires, ni de théories politiques propices aux accommodements de circonstances. La Constitution est formelle : par l'article 3 de la loi du 25 février 1875, par l'article 8 de la loi du 16 juillet 1875, elle institue le président chef de l'armée et de la diplomatie, le chef direct, le chef agissant de sa personne — par conséquent revêtu d'autorité et de responsabilité, l'une n'allant pas sans l'autre.

Le président de la République dispose des armées de terre et de mer. Ce n'est pas tout : en temps de guerre, il a le droit de prendre

en personne le commandement des troupes.
Que l'on ne se récrie pas ! Cette faculté lui a
été réellement reconnue par l'Assemblée nationale sur la demande expresse de Mac-
Mahon. Aucune réserve n'ayant été spécifiée
quant aux successeurs du maréchal, aucune
restriction n'ayant été apportée aux attributions présidentielles par les Congrès de revision
de 1879 et de 1884, le droit pour le chef de
l'État de se mettre à la tête des armées du
pays reste entier. Donc le président peut
monter à cheval en qualité de général en
chef. Si M. Thiers eût possédé un tel pouvoir, étant homme à en user, on n'eût pu
dire de lui comme on le fit : « C'est Cromwell moins les bottes. » Si, dans l'avenir, un
président cavalier s'avisait d'exercer ce droit
équestre, je ne sais ce que l'on en dirait ni
ce qu'il en adviendrait, mais je confesse franchement qu'à mon avis ce n'est pas tout à
fait le service que le pays attend de son chef
d'État. Il ne lui demande pas de monter lui-

même à cheval : il lui demande d'y mettre ceux dont il aura appris à peser les vertus guerrières et la valeur.

Cette pénétration des aptitudes militaires lui est-elle chose possible ? Ni plus ni moins que tout autre devoir de sa charge. Il est le chef de la force armée, ce qui implique pour lui l'obligation constante de tenir une enquête toujours ouverte sur la capacité des officiers appelés à la commander. (Gambetta s'était composé un cahier secret où l'on consignait au jour le jour des notes techniques sur les généraux, les colonels, sur de jeunes capitaines aussi.) Pas n'est besoin d'entrer dans le détail de ses moyens d'information. N'a-t-il pas pour l'éclairer la collaboration des ministres de la Guerre et de la Marine ? N'est-il pas en relations obligatoires avec les amiraux et les généraux ? Tous les emplois militaires, la Constitution le dit, sont à sa nomination. Comment s'acquittera-t-il de sa mission, si les personnes lui demeurent étrangères ?

Certes, les ministres ont bien leur initiative propre, la liberté première du choix, mais le président conserve à leur endroit sa prérogative. Ne serait-il pas étrange que le chef constitutionnel de l'armée dût se contenter d'apposer sa signature, sans souffler mot, au bas des décrets de nomination concernant les hauts commandements, par exemple les commandants de corps d'armée ? On raconte, il est vrai, qu'un président, au début de sa magistrature, se trouva fort marri d'avoir voulu exercer son droit. Une promotion de l'armée lui étant soumise, il présenta des observations, proposa des nominations : on ne tint compte ni des unes ni des autres, ce pourquoi il s'abstint par la suite d'intervenir. L'exemple est à retenir, mais, s'il est probant, ce n'est pas contre la Constitution, c'est contre le président qui ne sut pas en imposer le respect.

L'action du président au regard de la défense nationale s'exerce — ou plutôt doit s'exercer — parallèlement sur un champ d'influence tout aussi important. Je veux parler de sa collaboration directe avec les grands comités de l'armée. La conception des projets de défense et leur réalisation ressortissent, comme on sait, à des conseils supérieurs. Que le président suive les travaux desdits conseils, qu'au besoin il en sollicite les avis, c'est son devoir strict. De plus il possède un droit établi spécialement par les décrets, rendus en 1888, sur la réorganisation du conseil supérieur de la guerre : il peut provoquer la réunion du conseil, le présider toutes les fois qu'il le juge utile. Qui ne se souvient de l'étonnement causé par Félix Faure lorsqu'il décida d'user de cette prérogative ? Le président du conseil de l'époque, c'était M. Ribot, en profita pour féliciter publiquement le président de la République « de présider non seulement le conseil des ministres et *d'exercer l'influence considérable qu'y a nécessairement le premier magistrat du pays*, mais de présider le conseil supérieur de la guerre, de

ne rester étranger à rien de ce qui constitue
la force permanente et supérieure du pays ».
L'activité au service de la patrie est le premier devoir du président. Il ne doit rien ignorer
des dispositions militaires prises pour la paix
et la guerre ; s'il lui faut se maintenir en contact avec les grands comités de la défense nationale, ce n'est point par vaine ostentation qu'il
le doit faire, c'est afin de prendre, d'accord
avec les ministres compétents, toutes les mesures exigées par les circonstances (ce sont
les expressions de Laboulaye à l'Assemblée
nationale) pour ne pas laisser surprendre la
France par l'invasion.

Cette sorte de supérieure coopération à
l'organisation de la force armée, ce n'est pas
autre chose que la préparation matérielle à la
guerre — dans le sens de l'adage *Si vis pacem...*
Garder le pays en état de défense, la con-
signe en est passée au président de la République par la Constitution. Mais, en même
temps, il lui est interdit, par un article *ad*

hoc, de déclarer la guerre sans l'assentiment préalable des deux Chambres. Les destinées de la France ne peuvent être engagées que d'une commune résolution intervenue entre le pouvoir exécutif et le pouvoir législatif. Pure fiction ! pensera-t-on, en songeant que la soudaineté de l'attaque exigeant une riposte foudroyante, la rapidité d'exécution laisserait au Parlement tout juste la liberté d'une patriotique approbation. En apparence, oui ! fiction. En fait, il n'y aurait surprise ni pour le Parlement ni pour le gouvernement, si le chef de l'État avait au préalable combiné prudemment la force matérielle du pays avec sa politique étrangère, s'il avait compris que sa responsabilité envers la défense nationale est double : surveillance militaire à l'intérieur, prévoyance diplomatique à l'extérieur.

Le président de la République a-t-il donc la direction proprement dite de la politique étrangère ? Cela, la Constitution ne le dit pas

en propres termes, du moins elle le laisse
entendre à peu près : « Les envoyés et les
ambassadeurs des puissances étrangères sont
accrédités auprès de lui... Il négocie et ratifie
les traités. Il en donne connaissance aux
Chambres aussitôt que l'intérêt et la sûreté de
l'État le permettent. » Exception faite pour
les traités de paix, de commerce, etc., pour
les cessions, échanges, adjonctions de terri-
toires, qui doivent faire l'objet d'un vote ou
d'une loi, le président, en tout le reste, est
libre — et tout ce reste, c'est les accords,
les ententes, les alliances, c'est les relations
de la France — courtoises ou tendues — avec
les puissances étrangères.

Ici encore, on pourrait croire à une fiction,
à un simulacre de pouvoir. Ce serait à tort,
car il dépend du président, de sa volonté,
que son influence sur la politique extérieure
soit réelle. Oh! le quai d'Orsay, on le sait,
ne se prêta pas toujours aux interventions de
l'Élysée. On colporte à ce propos sous le

manteau un chapelet d'anecdotes qui, lorsqu'elles seront publiées, mettront en posture
peu élégante certains titulaires des affaires
étrangères — et leurs commis. Que le président permette à ces subalternes, voire à leurs
chefs, de le neutraliser, il est le plus coupable. Que ne parle-t-il ? Que ne commande-
t-il ? C'est sa résignation, sa passivité, qui les
rend rebelles à sa direction. D'abord, il lui
est dû communication quotidienne de la cor-
respondance diplomatique, des dépêches de
nos représentants au dehors. Ensuite, le
ministre le doit mettre au courant de toutes
les négociations comme du moindre incident.
Il ne faut pas, pour l'honneur de la France
et sa sécurité, que le président apprenne
les affaires de son pays de la bouche des
ambassadeurs étrangers, et c'est cependant,
paraît-il, ce qui arriva naguère. D'accord
avec le président du conseil, avec le titulaire
du quai d'Orsay sur la politique générale de
l'extérieur, s'efforçant avec eux de concilier

les vœux du pays avec les nécessités amenées par les événements, s'entendant sur les orientations nouvelles que ceux-ci peuvent imposer, il lui est loisible de s'adresser aux membres du corps diplomatique avec l'autorité de l'homme qui non seulement représente la stabilité, la tradition, les intérêts permanents du pays, mais qui *sait* et qui *agit*. Quel est le personnage qui a dit que les conversations de l'Élysée, menées par un président avisé, pourraient beaucoup pour le règlement des différends internationaux ?

L'action présidentielle, si le chef de l'État le veut, est d'un grand poids dans la conduite des affaires extérieures de la France. Le passé en fournit quelques exemples. Jules Grévy, ayant pris en main l'incident Schnœbelé (1887), le manipula si bien qu'il n'en subsista rien : « Il a étudié le dossier de cette affaire, dit-on alors, en grand avoué. » De Carnot et de Félix Faure, leurs ministres mêmes proclamèrent qu'ils avaient joué un rôle important dans la conclusion de l'alliance russe, au point qu'au lendemain de la déclaration de l'alliance sur le *Pothuau*, à Cronstadt, M. Méline, président du conseil, signala à la reconnaissance du pays l'*action personnelle et décisive du chef de l'État* dans ces mémorables circonstances. Paroles officielles, je le veux bien, mais voici M. Loubet qui, en remettant ses pouvoirs à M. Fallières, se loue franchement d'avoir « travaillé à maintenir et développer les sympathies que la République avait gagnées au delà de nos frontières », et cette sincérité affirme sa responsabilité.

La présidence ainsi exercée, sous le contrôle de l'opinion publique et du Parlement, c'est le devoir envers la nation. La Constitution veut que le président veille à la politique extérieure comme à l'organisation des armées. Entre les ministres et lui, là-dessus, avant tout, doit régner l'unité de vues jointe à une activité féconde. Parfois, malheureusement, les ministres préfèrent l'action négative, ou bien même ils affectent de ne pas renseigner le président. On dit que, s'il y eut des ministres de la Guerre et de la Marine formellement désorganisateurs, des ministres des Affaires étrangères tellement hypnotisés devant le crâne de Richelieu qu'ils en oubliaient le chemin de l'Élysée, on dit qu'il y eut aussi des présidents insouciants et débonnaires. Pourvu qu'un zèle intempestif pour le bien public ne vînt pas troubler la tranquillité dorée de leur septennat, les empêcher en leur palais de vivre douillets et quiets, ils laissaient tout faire, tout aller — au petit bonheur. Tant vaut l'homme, tant vaut la fonction. Pourquoi la République n'aurait-elle pas, pour renouer la tradition historique de la France, ses rois fainéants? A condition toutefois que leur règne ne se prolonge pas...

Quand les ministres de la défense nationale se montrent peu empressés à remplir leur charge gouvernementale, il appartient au président de la République de secouer leur inertie, de leur imposer les décisions nécessaires. L'action exécutive se concentre en lui : saura-il le leur prouver, ou bien se contentera-t-il de présider aux solennités nationales ?

————

CHAPITRE VII

*La présidence
des solennités nationales.*

CHAPITRE VII

LA PRÉSIDENCE DES SOLENNITÉS NATIONALES

Les théories et les faits : les prérogatives présidentielles
sont-elles vaines ? — Le prestige du président et les
solennités nationales. — Utilité de la représentation
extérieure du pouvoir exécutif. — Le chef de l'État a le
devoir de se montrer au pays. — Jules Grévy, Carnot,
Félix Faure. — Le président et l'exercice des prérogatives extérieures de sa charge.

Il en est de la Constitution comme de ces
femmes à l'aspect sévère dont les hommes
légers et pressés se détournent en proférant à
mi-voix, non sans quelque dépit : « Elle n'a
pas le sourire! » Ce n'est que trop vrai, elle
n'est pas aguichante, notre Constitution (oh!
pas moins que ses semblables), et c'est la
raison qui fait que tant de gens ne la connais-
sent pas, ne la veulent pas connaître. Que si,
tout de même, on parvient à leur en décou-

vrir les beautés cachées, ils ouvrent de grands yeux, mais ils résistent encore, déconcertés : « Pourquoi est-elle aussi sérieuse? » Dame! elle ne chante pas la gaudriole, ce n'est pas elle qui détient ce « numéro » dans le concert national. Et puis, quoique un peu rassurée par son âge, peut-être éprouve-t-elle une tristesse inquiète au souvenir du sort de ses devancières, la plupart ayant péri violentées parmi les fureurs révolutionnaires. L'une d'elles ne fut-elle pas prise même, sous le soleil affolant de Juillet, pour une méchante femme qui se proposait d'affamer Paris? Le peuple emplissait la rue d'imprécations vengeresses contre cette gredine : « A bas la Charte! » criait-il, comme d'autres, quarante ans auparavant, hurlaient, l'œil allumé par des reflets de couperet : « A bas l'Autrichienne! » Quoi qu'il en soit, ayant surmonté le désagrément de la présentation, nous voici entrés dans l'intimité de cette personne au prime abord revêche qu'est la Constitution;

profitons-en pour quitter désormais le ton trop somnolent des généralités obligatoires ; laissons de côté autant que possible la discussion des théories et tâchons d'aborder leur application dans les faits.

Ce à quoi je me suis attaché jusqu'ici, c'est à préciser le caractère des pouvoirs présidentiels, leur étendue, quant au point de vue actif et politique. Il n'entre pas dans mon dessein de les examiner au point de vue juridique, touchant par exemple les conditions de promulgation et d'exécution des lois : cet objet n'est pas celui des préoccupations publiques. Pas davantage, ce me semble, il n'y a lieu de discuter le droit de grâce, ni même de parler de la double faculté accordée au président (par des lois complémentaires) de déclarer l'état de siège ou d'ouvrir des crédits extraordinaires pendant la prorogation des Chambres[1]. Ce qui intéresse le plus, c'est de

___

1. Sur ces deux points, la Constitution a été complétée pour ainsi dire par les lois du 3 avril 1878 et du 14 décembre 1879.

savoir si les pouvoirs présidentiels ne sont pas — en dépit des prescriptions constitutionnelles que j'ai rappelées — des prérogatives absolument vaines, si les attributions prépondérantes de notre chef d'État ne demeurent pas fictives, si ses initiatives, ses déterminations, ses décisions ne sont pas d'avance frappées d'impuissance, réduites à néant, ou par son origine propre, ou par la Constitution elle-même. C'est le nœud du problème. Je n'ignore point qu'en général l'on se montre sceptique — à tort ou à raison — sur la possibilité de le résoudre sans toucher aux lois constitutionnelles. Ainsi apparaît l'argument tiré des organes soi-disant composites de notre Constitution, argument que je ne saurais mieux présenter qu'en citant un jugement identique porté sur une Constitution précédente par Étienne Dumont : « La Constitution (celle de 1791) était un vrai monstre; il y avait trop de monarchie pour une république, trop de république pour une monarchie. Le roi était un hors-d'œuvre ; il était partout en apparence et n'avait aucun pouvoir réel. » C'est exactement, dit-on, la situation du président de la République. Ce pourquoi, nonobstant les lois, on persiste à ne lui reconnaître qu'une action de parade, à le confiner dans la présidence des solennités nationales — railleusement.

Il n'y a pas à le nier, les solennités nationales tiennent une grande place dans le rôle présidentiel, et c'est pour l'esprit public matière à plaisanteries. Le prestige du chef de l'État se trouvant là en cause, il convient de s'y arrêter ; le sujet, je vous assure, en vaut la peine.

Et d'abord, pourquoi tant se moquer ? Pourquoi affecter jusqu'à du dédain envers les manifestations auxquelles doit se livrer en public le président ?... Oserai-je dire qu'il y a dans une pareille conduite comme une marque d'hypocrisie ? La représentation extérieure du pouvoir exécutif est de tradition dans notre pays, elle fait partie de nos mœurs, et la République n'y saurait échapper pas plus que la monarchie. Jamais l'on ne s'en passera, soyons-en convaincus, chez ce peuple épris de fronde et d'égalité où les plus démocrates n'ont pas toujours été les moins galonnés, où, sous la Révolution, sous la Commune, se fit la plus effarante débauche de costumes chamarrés et de panaches, où la folie de la distinction par les signes extérieurs n'a jamais tant sévi que depuis la troisième République, où, chaque jour, l'on dérobe à l'arc-en-ciel ses couleurs pour en composer sans repos des rubans décoratifs, où il ne se donne pas une fête officielle, inauguration, réception, bal, gala, sans que chacun — hommes et femmes — ne s'agite, ne se démène, ne se trémousse dans le désir ardent d'y figurer en bonne place — celle de la faveur : l'on y est en vue et l'on ne paye pas ! c'est double victoire. Allons ! soyons sincères, si l'étiquette de cour ne survivait pas un tant soit peu sous le protocole républicain, si le chef suprême de l'État n'était pas entouré d'une façon de cérémonial, s'il s'enfermait obscur et isolé dans son palais au lieu d'aller et venir par la capitale et les provinces, partout, je vous le dis, éclateraient des protestations de mécontentement, et nous connaissons bien la vraie cause de l'impopularité d'un président ou deux, impopularité qui les frappa pour cette unique raison qu'ils s'abstinrent trop de procurer aux foules ces plaisirs de la rue où elles cherchent avec allégresse une heure d'oubli et d'excitation.

— Quels sont donc vos plaisirs ?
— Je vois l'ordre pompeux de ses cérémonies !...

Au cours d'un voyage officiel accompli par le président Grévy (lequel n'en fit guère), Gambetta, parlant en sa présence, louait la Constitution de n'avoir pas placé le chef de l'État dans des sphères inaccessibles et inviolables. Bien au contraire, en effet, le représentant de la nation doit se rendre visible, abordable, accueillant, ce qui ne veut pas dire familier à l'excès, pas plus qu'exagérément avide d'ovations. Rien de trop !... Qu'entre lui et les populations s'établisse un contact régulier, une pénétration réciproque, cet indispensable accord des cœurs et des esprits d'où naît l'union si utile aux dirigeants comme aux dirigés. Quand le président se déplace, ce n'est pas simplement en vue d'occasionner dans les régions où il se rend des réjouissances publiques, un branle-bas général. Ce n'est là qu'un côté de son programme, non le plus négligeable, certes ! mais il comprend une partie plus élevée, et c'est le besoin de se mettre en communication directe avec le pays, de créer un courant de sympathie de gouvernés à gouvernants, de garder l'affection des masses, d'entretenir leur confiance, rôle tout d'attraction, tout de séduction personnelle, auquel le chef suprême de la nation ne peut se soustraire, ni y paraître inférieur, sans manquer gravement à l'un de ses devoirs. Se montrer dans les jours de fête et dans les jours de deuil, apporter au pays des paroles de joie ou de consolation, cela permet de conquérir des sympathies dont on peut au besoin tirer grand parti en un moment de crise. Un jour que le peuple anglais venait d'être brusquement secoué à propos d'un important incident survenu entre la flotte britannique et la flotte russe, le roi Édouard VII apprit à connaître quelle influence sur l'esprit public lui valait son crédit populaire : il lui suffit de se montrer le soir même au spectacle pour rassurer l'Angleterre par cette calme démonstration.

On reprocha à Jules Grévy, non sans raison, de réduire au strict minimum la partie extérieure de sa fonction. A la vérité, sa réserve systématique s'expliquait par la nature de ses idées spéciales sur la présidence ; de plus, son âge avancé ne lui permettait guère de se produire en dehors des réceptions de l'Élysée et des déjeuners qu'il y offrait presque quotidiennement à des convives assez nombreux : les obligations multiples de la représentation exigent plus de force physique, plus de résistance, plus de jeunesse en un mot, de la part d'un homme qui est, comme on dit, toujours en scène. Septuagénaire, Jules Grévy eut la prudence bien humaine de supprimer les voyages. Comme il restait invisible, la France, le jugeant avare, ne l'aimait pas, et, oubliant le respect dû à sa haute dignité personnelle, lorsque la chute des siens l'abattit, elle ne le plaignit pas : elle le chansonna. Lui succédant, Carnot commença par bénéficier des circonstances auprès de l'opinion publique, puis, malgré ses gestes automates, ses allures froides, son visage fermé, il s'imposa de sa personne au pays. Il lui plut, grâce à sa générosité, grâce à son empressement à se porter aux quatre coins de la France, accueilli partout avec une joie chaleureuse, partout acclamé, si bien que ce président essentiellement correct trouva le moyen de devenir — à travers les éclairs fulgurants du boulangisme, ô miracle! — très populaire. Félix Faure voyageait sans relâche, assistait à toutes les cérémonies publiques, visitait les hôpitaux, volait aux armées, montait à cheval, chassait à force, prodiguait les fêtes et les bals, plein de faste et d'entrain, toujours accessible, aimable, souriant, se dépensant avec une telle bonne grâce qu'il a laissé le souvenir du plus obligeant des maîtres de maison. Manqua-t-il de mesure ? Était-il trop décoratif, trop salutatif? le goût de paraître l'emporta-t-il sur le tact dans sa manière ? les rues de Paris furent-elles trop souvent barrées à cause qu'il y passait en cavalcade? Le certain est qu'il donnait parfois à bougonner, mais lui-même, se croyant adoré du peuple, se trouvait trop bien gardé. Une fois qu'aux abords d'une gare il avait remarqué à son départ un formidable déploiement de police, il se fâcha.

ordonnant au représentant de la préfecture de l'en dispenser tout à fait à son retour. Voulant contenter en partie ce désir, le haut fonctionnaire, au lieu de poster à la gare — le président revenant — les deux mille hommes habituels, n'en plaça qu'un millier : cinq cents seulement en tenue, les autres en civil. Mais Félix Faure, le mandant à l'Élysée : « — Vous ne m'avez pas écouté, j'ai vu vos hommes. — Monsieur le président, je vous assure... — Inutile de protester, je les ai vus. — Mais à quoi les avez-vous reconnus ? — Ils ne saluaient pas ! » La foule, qui est finaude tout de même, connaissait ces travers, et elle en souriait. L'approbation néanmoins domine chez elle les quolibets, elle sait gré aux présidents de venir la trouver malgré les dangers qui les menacent, elle applaudit à leur bravoure : l'assassinat de Carnot et l'attentat auquel par extraordinaire échappa M. Loubet en compagnie du jeune roi d'Espagne enseignent qu'une mort traîtresse trop souvent les suit dans l'ombre.

Ainsi les prérogatives extérieures du président ne sont point si méprisables. La raison et l'expérience démontrent qu'à ne les pas revendiquer, il perd de son relief, de son autorité. Il a d'ailleurs un motif très délicat de les exercer avec largeur et éclat. Le peuple a fait le compte du traitement qui lui est alloué. Il sait que, depuis Mac-Mahon, il touche douze cent mille francs par an, soit cent mille francs par mois, auxquels s'ajoutent des crédits spéciaux votés à l'occasion de ses voyages à l'étranger ou de la réception des souverains[1]. Et le peuple est simpliste : il n'admettrait pas une dotation aussi importante, si elle ne devait servir qu'à entasser économies sur économies dans le bas de laine présidentiel.

1. Le traitement du président de la République fut fixé, en 1871, à 600.000 francs par an, puis augmenté successivement en 1873 de 300.000 francs pour frais de maison, en 1876 de 300.000 francs pour frais de voyages, déplacements et représentation.

S'étant acquitté des charges de la représentation, ou, pour parler comme la Constitution, de la présidence des solennités nationales, voici le président de la République libre de vaquer à ses autres affaires, c'est-à-dire à ses attributions gouvernementales. Vraiment, est-on autorisé à dire de ces attributions qu'elles sont fictives, quand elles ont pour se faire respecter le droit de message, le droit de veto, le droit de dissolution?... Sur quoi les sceptiques, haussant les épaules, susurrent ironiquement : « Et le contreseing ministériel? l'obligation constitutionnelle pour le président de faire contresigner tous ses actes par un ministre ? Vous n'en dites mot : c'est pourtant l'obstacle infranchissable !... » Nous allons bien voir.

CHAPITRE VIII

*De l'obligation du contreseing
ministériel.*

CHAPITRE VIII

DE L'OBLIGATION DU CONTRESEING
MINISTÉRIEL

Origines monarchiques du contreseing. — Le contreseing ministériel et la Constitution de 1875. — Droit du président de requérir la signature ministérielle. — Où s'affirme l'importance du choix des ministres. — Le président peut à son tour refuser sa signature. — En cas de désaccord persistant, il a le droit de révoquer les ministres ou la faculté de démissionner. — Casimir-Périer.

« Chacun des actes du président de la République doit être contresigné par un ministre. »

Telle est, placée en queue de l'énumération des prérogatives présidentielles fondamentales (article 3 de la loi du 25 février 1875), la prescription constitutionnelle en vertu de quoi l'on soutient que le chef de l'État est littéralement jugulé. De ce texte pris à la lettre, l'on infère que le président est en fait devant la loi comme un mineur : on l'assimile à une femme privée de la capacité d'agir sans l'autorisation de son mari. Comme le disait notre vieux Ronsard :

Est-ce faire tomber le royaume en quenouille ?

Aux yeux de certains, le contreseing ministériel figure le parangon des constitutions républicaines. Cependant, il n'est pas un écolier un peu frotté d'histoire qui ne sache que ce contreseing tant préservatif est purement d'essence monarchique. Quelle bonne raison pour les néo-jacobins d'en réclamer la suppression au lieu de s'en prévaloir !... Toute ordonnance royale portait, avec la signature du roi, celle d'un secrétaire d'État. La seconde n'intervenait, il est vrai, qu'au titre d'instrument d'exécution et de cachet d'authenticité. Ce n'est plus avec ce caractère subalterne que la griffe ministérielle dessine ses arabesques sur les décrets insérés au *Journal Officiel*. De simple visa de forme, sorte de légalisation de signature, qu'il était à l'origine, le contreseing est devenu de nos jours une caution de tutelle. Sous l'ancien régime, le souverain couvrait le secrétaire d'État : sous la République, le ministre couvre le président. C'est un complet renversement des choses, mais la transformation est conforme à l'esprit d'une démocratie parlementaire.

En principe donc, le contreseing constitue dans notre système de gouvernement le moyen mis à la disposition du ministère pour contrôler l'action du président et la limiter. Pas de contestation possible sur la destination de ce rouage constitutionnel, j'en conviens volontiers. Encore faut-il s'entendre ! Qu'il ait pour but d'empêcher le président de faire ce qu'il ne doit pas, assurément ! mais celui de l'empêcher de faire *ce que la Constitution lui ordonne*, je le nie.

En imposant au président de la République l'obligation formelle de n'exercer ses pouvoirs qu'à l'aide de décrets revêtus d'une signature ministérielle, qu'a voulu la Constitution ? Elle a voulu le préserver des excès du pouvoir personnel, lui enlever la tentation de commettre des actes d'arbitraire ou d'illégalité, lui interdire de sortir de sa sphère par la violation du contrat social dont il est le détenteur et le régulateur. A-t-elle voulu, en lui faisant de cette loi imprescriptible une condition *sine qua non*, préciser de façon objective son irresponsabilité ? Non, elle a voulu adapter son initiative légitime à l'initiative ministérielle. Le cabinet étant seul responsable des actes du pouvoir exécutif devant le Parlement, les ministres refuseront de s'associer à des mesures anticonstitutionnelles, ils rendront inexécutables les volontés coupables du président, et c'est ainsi que, par la garantie qu'elle assure aux institutions et aux libertés, se justifie pleinement la clause du contreseing obligatoire. Mais son application ne saurait s'étendre au delà des cas exceptionnels sans qu'il y ait à la fois abus de la part des ministres et abdication de la part du président.

La Constitution en main, le président de la République a le droit de requérir la signature ministérielle pour toutes les mesures rentrant dans ses attributions. C'est précisément dans l'exercice de ce pouvoir, d'après les uns, qu'il serait le plus gêné, que le contreseing se dresserait devant lui comme (dirait-on en style romantique) une clef de geôlier. Je n'en crois rien, ou plutôt cela dépend uniquement du président. S'il a su choisir ses ministres, s'il a nommé des hommes intelligents, des hommes je ne dis pas en totale communion d'idées avec lui — leurs opinions devant correspondre d'abord à celles du Parlement, — mais d'accord avec lui afin de gouverner en regardant le pays autant que les Chambres, en servant moins leurs groupes que le bien public, en oubliant les voix égoïstes des circonscriptions pour n'écouter que l'intérêt général de la nation, certainement il lui sera plus aisé de se faire comprendre d'eux et de les amener à ses vues. Il est possible qu'il ne puisse les convaincre sans résistance, que les mesures désirées par lui exigent un travail préparatoire et persévérant. Ce travail fait partie de sa fonction : ce doit être le fait de son habileté comme de sa raison de savoir imposer ses déterminations à ses ministres sans les blesser ni susciter d'irrémédiables heurts.

Voici le moment où le chef de l'État éprouve le mieux la nécessité d'avoir à ses côtés un président du conseil lucide et avisé, un premier ministre qui connaisse son métier (ne souriez pas ! il en fut qui en ignorèrent le premier mot durant toute leur vie ministérielle). Examinant ensemble les questions soulevées, ils se mettront d'accord pour les résoudre en prévenant les dissentiments, ils gagneront à leur manière de voir les ministres en cause : entre nous, quels sont ceux qui persisteraient — à moins qu'ils n'aient pertinemment raison — à refuser leur signature, à se montrer obstinément récalcitrants, ayant la perspective de compromettre par là leur carrière ministérielle dans l'avenir ?... Les difficultés étant ainsi résolues dans des conférences préalables, le président n'aura plus à craindre de rencontrer l'obstacle du contreseing au milieu des ministres réunis. D'ailleurs, les instants du conseil sont comptés, il a tout juste le temps pour l'ordinaire d'enregistrer des décisions déjà arrêtées. Sans doute chaque ministre y conserve sa liberté de parole, son droit d'observation. Mais si le président du conseil possède, comme il le doit, des qualités de direction et d'organisation, alors est épargné au président de la République le spectacle de ces discussions échevelées, de ces incartades, de ces conflits, dont l'Élysée fut l'écho trop souvent sous des chefs de cabinet inférieurs ou désordonnés.

Une union aussi correcte suppose, objectera-t-on, le triomphe de la persuasion présidentielle. Que si le chef de l'État ne réussissait à persuader ni le président du conseil, ni ses collaborateurs, le contreseing demeurerait entre eux comme une pierre d'achoppement : pourrait-il faire autre chose que de ronger son frein en se soumettant ? Certes, oui : il pourrait user des moyens de défense, de pression, dont il est armé par les lois constitutionnelles.

La Constitution dit que le président ne peut rien faire sans la signature d'un ministre : elle ne dit pas qu'il est forcé de signer tout ce que lui présentent les ministres ! Elle ne fait pas de lui une simple machine à signer, un vulgaire composteur. Homme, elle lui laisse son libre arbitre, il réfléchit, il pèse le pour et le contre, il n'accorde sa signature qu'en connaissance de cause — ou bien, lui aussi, il la refuse. Voyez combien, sur les projets de loi en préparation, sur les nominations de tout ordre, enfin sur n'importe quelle matière, il lui est facile de faire échec au ministère, soit par opposition décidée, soit dans l'intention de l'amener à résipiscence ! Ne croyez-vous pas que l'un et l'autre, arrivés à ce point, en viendront vite le plus souvent à la transaction nécessaire ? Et si, tout de même, l'entente cesse tout à fait, si le désaccord s'accentue jusqu'à nécessiter une dislocation définitive, là encore, dans les cas de conflit aigu, la Constitution s'est montrée prévoyante. Se refusant à une capitulation qu'il juge honteuse pour lui-même autant que nuisible au pays (s'agissant bien entendu d'un fait grave et non d'un incident secondaire), le président, après avoir calculé les conséquences de son acte en rapport des avantages qu'il en attend pour la France, a la possibilité de recourir à la révocation des ministres, de procéder à leur remplacement. Le moyen est extrême, c'est vrai, mais il est de droit absolu, et, lorsqu'on remonte le passé, on peut regretter qu'en de certaines circonstances il n'ait pas été employé. Il peut manquer au président l'énergie d'accomplir son devoir jusqu'au bout, soit qu'il l'estime trop lourd pour ses épaules, soit qu'il ne se sente pas assez d'autorité morale sur le pays pour prendre devant lui toutes ses responsabilités. Alors, s'il trouve dangereux de s'associer plus longtemps à une politique qu'il réprouve, si les ministres s'amusent à le narguer, à l'isoler, à l'annihiler, il lui est attribué une ultime faculté : celle de se libérer avec éclat en démissionnant par un message explicatif...

Comme j'écris ces mots, un souvenir soudain jailli fait toctoc à ma mémoire, et j'entends un rire sonore éclatant, par un après-midi ensoleillé, dans un cabinet de travail de la rue Nitot. C'était chez Casimir-Périer, un an ou deux après sa démission. Curieux d'histoire, j'avais obtenu de lui un entretien sur un sujet qui m'avait déjà mené de la Nationale aux Archives, de l'Arsenal à Carnavalet, ailleurs encore. Quand je fus introduit auprès de l'ancien président, j'évoquais malgré moi une vision pénible : je le voyais, au retour de je ne sais plus quel voyage dans l'Est ou le Nord, traversant la rue Lafayette au galop, les passants à sa vue ricanant sans le saluer, lui, tournant d'un trottoir à l'autre son visage ravagé de douleur, appelant en vain un geste, un éclair de sympathie, regardant stupéfié ces chapeaux vissés, cette hostilité grondante, ce vide noir, surprenant chez tous des figures mauvaises, même chez les policiers qui excitaient les gamins à le siffler !... Maintenant, ravi de n'être plus un grand de la terre, l'œil affable, les lèvres rieuses, il causait et plaisantait avec gaieté. A une question touchant son grand'père, le célèbre ministre de Louis-Philippe : « Quand le roi apprit sa mort, me répondit-il, il fit enlever tous ses documents. — Tous, monsieur le président? — Tous ! Les d'Orléans ont toujours eu la raison d'État dans le sang, Louis-Philippe plus qu'aucun autre. Tenez ! tout ce que ma famille a retenu de cet événement, c'est le mot du roi lorsqu'il fut informé de la mort de son premier ministre : « Est-ce un bien? Est-ce un mal? » Que dites-vous de cette oraison funèbre ? — Je dis que Bossuet les faisait moins brèves. » Le voyant rire aux éclats, je m'enhardis, franchissant brusquement soixante ans, à lui demander pourquoi il avait démissionné. Mais, s'arrêtant : « Là-dessus, fit-il, rien ! Je ne parlerai pas. — Certains de vos anciens ministres sont moins discrets, monsieur le président. — Je le sais, mais je ne les imiterai pas. Plus tard, si j'en ai le temps, peut-être écrirai-je cette triste histoire pour la postérité. » Puis, d'une voix ferme : « Que la République donne à son président le moyen d'exercer ses droits, et il ne sera pas obligé de démissionner. » Plusieurs années après, il adressait au *Temps* la lettre dans laquelle il écrivait que le président n'est qu'un maître des cérémonies.

A la vérité, Casimir-Périer démissionna, on le sait, un peu parce qu'on avait ameuté l'opinion publique contre lui, beaucoup parce qu'il était en mésintelligence avec ses ministres. Il connaissait cependant un exemple de ce que peut la ténacité d'un chef d'État sur un ministre qui s'affiche personnel et indépendant. Ç'avait été le cas de son grand'père, le premier des Casimir-Périer, caractère ombrageux, rageur, intraitable ; or, Louis-Philippe se plaisait à raconter : « Périer m'a donné du mal, mais j'avais fini par le bien équiter. » Il disait vrai.

Un président qui le veut, mais fermement, peut, malgré la mauvaise volonté qui l'enveloppe, malgré le contreseing lui-même, aiguiller ses ministres selon le vœu national. La première condition est qu'il ne prenne pas l'Élysée pour une maison de retraite, qu'il ne se contente pas d'y vivre de la façon que Bonaparte dépeignait trivialement à Sieyès — « comme un cochon à l'engrais ».

CHAPITRE IX

Du droit de démission.

CHAPITRE IX

DU DROIT DE DÉMISSION

L'autorité présidentielle a-t-elle été atteinte par les démissions de Jules Grévy et de Casimir-Périer ? — Leurs causes. — Les motifs invoqués par les deux présidents dans leurs lettres de démission. — Comment Jules Grévy pratiquait sa fonction : aveu public de ses préférences politiques. — M. Loubet. — L'impartialité présidentielle.

Il faut tout dire — le pour et le contre — avec netteté.

Quand, les prérogatives présidentielles étant les unes après les autres passées au crible, l'évidence nous oblige au fur et à mesure de nous convaincre que le pouvoir exécutif de la République française peut vraiment s'exercer dans toute sa plénitude, avec toutes les conséquences prévues d'une initiative et d'une influence voulues, il est encore des hommes qui s'obstinent à contester que cette démonstration soit aussi concluante. De bonne foi ou de parti pris, ceux-là, considérant le pouvoir exécutif en ses titulaires plutôt qu'en ses éléments, ne sont pas loin d'appliquer à la Constitution de 1875 — mais dans un sens contraire — la maxime de Montesquieu : « Une Constitution peut être telle que personne ne sera contraint de faire les choses auxquelles la loi ne l'oblige pas, et à ne point faire celles que la loi lui permet. » Ils confondent le caractère des individus avec la nature des choses, et, pour nier les pouvoirs de la présidence, ils arguent contre elle — soit de l'inaction à laquelle ont paru réduits certains de ceux qui l'ont occupée, soit de la démission à laquelle certains autres ont été acculés.

De la passivité — subie ou acceptée — dont on fait grief à nos présidents, il suffit d'approfondir les événements contemporains pour en décider. Cela demanderait une sévère enquête d'historien pour laquelle je me récuse en ces aperçus spéciaux, mais j'ose avancer que l'autorité présidentielle s'est manifestée plus qu'on ne le croit généralement : seulement, elle s'affirma le plus souvent dans le sens négatif — en vue d'écarter coûte que coûte des responsabilités redoutées. Des démissions invoquées à titre d'irréfutable argument, il serait réellement injuste de tirer une moralité définitive à l'usage des futurs présidents. Toutefois, elles constituent dans l'histoire de la troisième République des épisodes d'une telle importance qu'il est utile d'en dire quelques mots avant de poursuivre cet examen critique.

Les démissions de Jules Grévy et de Casimir-Périer, parce qu'elles ont été, la première imposée par le Parlement, la seconde donnée en protestation contre les ministres, sont présentées comme des actes typiques. On en atteste les lettres par lesquelles les deux présidents résignèrent leur fonction. Ces lettres en effet sont fortement motivées, mais je pense que leur lecture, lorsqu'on la fait en se reportant aux circonstances, n'est point aussi probante qu'on le dit.

De quelles raisons officielles Casimir-Périer se prévalait-il pour justifier sa résolution inattendue ? « La présidence de la République, dépourvue de moyens d'action et de contrôle, écrivait-il au Sénat et à la Chambre en prenant congé, ne peut puiser que dans la confiance de la nation la force morale sans laquelle elle n'est rien... On a réussi à égarer l'opinion publique... L'impuissance à laquelle je suis condamné... » Que le président doive être l'homme de la nation, rien de plus juste ! qu'entre la nation et Casimir-Périer l'on eût créé un malentendu, les uns brutalement, les autres insidieusement, rien de plus vrai ! mais que cette tactique d'une opposition politique ou personnelle l'ait trouvé désarmé, rien de plus faux ! A la vérité, Casimir-Périer était victime de lui-même, victime de sa belle fierté naturelle comme de son éloignement pour la lutte d'intrigues et d'embuscades. Au lendemain de son élection, on avait trop bruyamment salué en lui un président de combat. Forain publiait un dessin symbolique où l'on voyait un député radical, retour de Versailles, disant à un ouvrier :

— Ami, une trique vient de pousser à l'arbre de la Liberté !...

Mais un parlementaire avisé (M. Dugué de La Fauconnerie) prophétisait : « Avant six mois — la démission ou la dissolution ! » Les six mois écoulés, ce fut la démission. L'acte en soi, ce n'est pas le lieu de l'apprécier : il importe uniquement de savoir s'il porte témoignage contre les pouvoirs présidentiels. Or il est acquis que, s'il y eut bien entre Casimir-Périer et ses ministres un conflit moral, il n'y eut pas un conflit d'autorité, c'est-à-dire que le chef de l'État ne revendiqua pas son droit constitutionnel d'exercer ses attributions méconnues par le cabinet. Dégoûté, il préféra s'en aller sans la moindre velléité de défense. A l'époque, sa démission fut qualifiée de « désertion » : en tout cas, elle ne résultait pas de l'impuissance, puisque, avant de s'y résoudre, il avait dédaigné d'user d'aucun des moyens de résistance mis à sa disposition par la loi.

Jules Grévy eût très bien pu éviter la mise en demeure à lui adressée par les Chambres de résigner son pouvoir. Elles l'avaient réélu, le 28 décembre 1885, sans brigues ni compétitions. Le scandale survenant à ses côtés, elles lui firent savoir officieusement que — son intégrité personnelle n'étant pas en cause — elles lui maintiendraient sa charge s'il se résignait à se séparer d'un membre de sa famille logé à l'Élysée. Ses affections se refusaient à ce sacrifice exigé par l'opinion. Dès lors, la démission devenait inévitable. Mal renseigné, égaré par son cœur de père, il crut pouvoir résister aux injonctions du sentiment public. Le Sénat et la Chambre se virent obligés de voter à son égard un ordre du jour motivé l'informant, dans une formule polie, qu'ils attendaient son message de démission. Enfin (1er décembre 1887) il dut s'exécuter.

Il ne le fit pas sans protester dans son message même. Il y disait : « Mon devoir et *mon droit* seraient de résister ; mais, dans les circonstances où nous sommes (le boulangisme montait), un conflit entre le pouvoir exécutif et le Parlement pourrait entraîner des conséquences qui m'arrêtent... Je laisse à ceux qui l'assument la responsabilité d'un tel précédent... » Et encore, énumérant les bienfaits de *son gouvernement* : « J'en appelle à la France !... Elle dira qu'en retour *j'ai été enlevé au poste où sa confiance m'avait placé.* » Hélas ! Jules Grévy ne s'apercevait pas que l'on ne faisait qu'appliquer à ses dépens une partie des idées qu'il avait émises à l'Assemblée nationale de 1848 ; dans son célèbre amendement sur la présidence de la République, parlant du délégué au pouvoir exécutif, il écrivait : « Il est toujours révocable... » Les événements le lui prouvaient. Son message fit un beau tapage ! Reconnaissons que, dégagé des contingences, il renferme des vérités opposées à la théorie de l'omnipotence parlementaire. Il proclamait que le président est l'élu de la nation, et que, à l'intérieur comme à l'extérieur, son action personnelle, *son gouvernement*, s'exerce avec autorité. Personne n'accusera un républicain tel que Jules Grévy d'avoir voulu, en formulant ces pensées, restaurer la doctrine du pouvoir personnel : il se conformait simplement à l'esprit de notre Constitution [1].

N'avais-je pas raison de dire que les démissions précitées n'infirment point la règle des pouvoirs présidentiels ? Provoquées toutes deux par des causes privées, soit de fait, soit

1. Voir à l'Appendice le texte des lettres de démission de Jules Grévy et Casimir-Périer.

de caractère, elles ne furent nullement la
conséquence d'un antagonisme de politique
ou de fonction entre les pouvoirs publics.
Néanmoins, s'en tenant quand même à la
réalité brutale, l'on part de ces démissions
pour avancer qu'en dépit des raisons expo-
sées le fauteuil présidentiel ne serait en
somme qu'un escabeau dérisoire. Ma foi! les
qualificatifs en cette matière importent peu.
Souvenons-nous du mot de Cromwell : « La
royauté?... Une plume à un chapeau! » et de
celui de Napoléon : « Le trône?... Un mor-
ceau de velours sur quatre morceaux de
bois! » La seule chose qui compte, c'est l'art
d'exercer le pouvoir dont on est investi : si
les présidents de la République le possèdent,
nul obstacle ne les peut gêner.

Précisément Jules Grévy en est un exemple
éclatant. Non seulement il prenait une part
effective à la direction de la politique générale du pays, mais encore, loin de s'abstenir
dans les querelles des partis, il y intervenait

par une immixtion constante. (Cela cependant, je le note en passant, n'empêcha pas sa réélection.) Avait-il toujours raison ? Ne lui arrivait-il pas de commettre des fautes ? Ce n'est pas la question. Son mépris envers cette neutralité que l'on souhaite pour fidèle compagne au président, il le poussait jusqu'à infliger à la Chambre l'humiliante obligation de se déjuger dans les vingt-quatre heures. Ainsi, en 1882, M. de Freycinet lui apportant sa démission de président du conseil parce qu'il avait été mis en minorité au Palais-Bourbon, il la refusa sous prétexte que les députés avaient erré, et le ministère, fort de son appui, obtenait le lendemain même un vote de confiance. Une autre fois, le même M. de Freycinet quittant le pouvoir, il lui en exprimait le plus vif regret dans une lettre où il le remerciait avec effusion des « grands services » qu'il avait rendus au gouvernement. Qui prétendrait encore que le président n'a ni le droit ni le moyen de marquer ses préférences pour une politique ou pour un ministère ? Il y a dix ans, en mai 1902, M. Loubet, partant pour la Russie, emmenait à Brest avec lui Waldeck-Rousseau afin de lui rendre — connaissant ses intentions de retraite — un hommage public : « Je suis heureux, fit-il dans un discours prononcé à un banquet, d'être accompagné par le président du conseil qui depuis trois ans sert avec un éclat qui n'a jamais été dépassé la France et la République... » L'impartialité, la sereine impartialité du président de la République, oui ! il faut en faire un principe, mais sans rien exagérer ! Si l'on veut que le président soit le reflet de la nation, il faut que l'on sache qu'il en éprouve les sentiments, qu'il en ressent les émotions, il faut que l'on puisse dire de lui ce que l'on écrivit d'un homme de génie : « Il n'y a pas d'indifférence dans son impartialité ».

Cette intelligente sensibilité est le plus indispensable élément de la confiance nationale

dont le chef de l'État, Grévy et Périer le recon-
naissaient hautement, ne peut se passer. Il
n'est pas un agent subalterne des ministres et
des parlementaires, l'homme qui se sait en
communion d'idées avec la France, l'homme
qui se sait entouré de l'estime et de la sympathie de ses concitoyens. En vain dira-t-on
que son origine fait sa faiblesse. Au delà de
ses électeurs d'un jour, il y a la souveraineté
nationale. Il en est le plus haut représentant.
La grande ombre du peuple, comme disait
Tocqueville, plane en quelque sorte sur lui.
Comment, ainsi protégé, hésitera-t-il — s'il est
vraiment *un homme* — à remplir son devoir,
à exercer ses droits ?

CHAPITRE X

Droits de message et de suspension.

CHAPITRE X

DROITS DE MESSAGE ET DE SUSPENSION

Les vices des Assemblées non réprimées dépeints par Benjamin Constant. — La nation doit être garantie contre les excès de ses mandataires. — Les droits de contrôle et de répression attribués au président de la République. — Le message peut lui servir de stimulant et de frein. — Les messages de Thiers et de Mac-Mahon. — Le droit de suspension ou *veto*. — Inapplication du droit suspensif : M. Fallières va jusqu'à le nier.

...Une Assemblée qui ne peut être ni réprimée ni contenue est de toutes les puissances la plus aveugle dans ses mouvements, la plus incalculable dans ses résultats, pour les membres mêmes qui la composent. Elle se précipite dans des excès qui, au premier coup d'œil, sembleraient s'exclure. Une activité indiscrète sur tous les objets, une multiplicité de lois sans mesure, le désir de plaire à la partie passionnée du peuple, en s'abandonnant à son impulsion, ou même en la devançant ; le dépit que lui inspire la résistance qu'elle rencontre, ou la censure qu'elle soupçonne ; *alors l'opposition au sens national, et l'obstination dans l'erreur ;* tantôt l'esprit de parti, qui ne laisse de choix qu'entre les extrêmes, tantôt l'esprit de corps, qui ne donne de forces que pour usurper ; tour à tour la témérité ou l'indécision, la violence ou la fatigue, la complaisance pour un seul, ou la défiance contre tous ; l'entrainement par des sensations purement physiques, comme l'enthousiasme ou la terreur ; l'absence de toute responsabilité morale, la certitude d'échapper par le nombre à la honte de la lâcheté ou au péril de l'audace : tels sont les vices des Assemblées, lorsqu'elles ne sont pas renfermées dans des limites qu'elles ne puissent franchir…

Je ne suis pas l'auteur de ce tableau vigoureux, et je le regrette fort. Il est de Benjamin

Constant. En dépeignant avec cette précision ramassée les vices du parlementarisme débridé, l'éloquent défenseur des libertés politiques a tellement justifié la répression des écarts du pouvoir législatif que je n'ai pu résister à la tentation de le citer tout au long.

Et qui donc pourrait contester sérieusement la nécessité d'une force répressive? N'objectez point ce qui ne fait pas question, c'est-à-dire que la liberté des Assemblées est la première condition du gouvernement représentatif. C'est là une règle fondamentale, nous y sommes tous attachés, mais, si nous considérons l'État dans l'ensemble de sa structure, nous sommes obligés de reconnaître qu'elle est elle-même subordonnée à une règle supérieure. Au-dessus des Assemblées, simples organes de délibération, simples instruments de rechange à temps limité, il y a la souveraineté permanente, il y a la nation. Le premier soin de la nation consiste à se protéger contre les excès de ses mandataires, à se garantir contre les exagérations de leur propre puissance. Un peuple épris d'égalité et de liberté doit se méfier autant de la tyrannie d'un seul que de la tyrannie d'une collectivité. Il y aurait pour lui folie à redouter le despotisme d'un monarque plus que l'omnipotence d'une oligarchie parlementaire, celle-ci n'étant pas moins dangereuse pour la cité par son empressement à flatter la démagogie et à subjuguer le pouvoir exécutif. De là vient que toute Constitution prévoyante a la sagesse de conférer à la puissance exécutrice des pouvoirs de contrôle et de répression, des pouvoirs réels. Celle de 1875 n'y a pas manqué. Comment Casimir-Périer a-t-il pu écrire que le président de la République est dépourvu de moyens d'action? Droits de message et de suspension, droits de prorogation et de dissolution, il n'a que l'embarras du choix !

D'après l'article 6 de la loi constitutionnelle sur les rapports des pouvoirs publics

(16 juillet 1875), « le président de la République communique avec les Chambres par des messages qui sont lus à la tribune par un ministre ». Le message est pour le président le moyen de donner aux Chambres des conseils directs et des avertissements. Déjà, à l'occasion des actes de sa fonction, dans les cérémonies, au cours de la célébration des solennités où la coutume le sollicite d'user de sa liberté de parole, il lui est loisible d'exprimer son opinion personnelle sur les problèmes à l'ordre du jour. Il se peut que le Parlement indifférent n'en tienne aucun compte. Alors, le président, — s'il le juge nécessaire, — recourt au message — à la fois stimulant et frein.

Je conçois que le président ne se décide pas à écrire un message sans avoir au préalable mis les parlementaires en garde. Habile préparation supposant entre eux et lui des rapports suivis. Mais l'Élysée n'a pas pour destination de rester un palais morne et fermé Il est la maison nationale. Le devoir du chef de l'État est d'y attirer — outre les personnalités françaises et étrangères — les représentants du pays. C'est dans ces réunions que son autorité commence à s'imposer. L'oserai-je dire? L'une des qualités maîtresses qu'il lui faut déployer envers les députés. c'est cette chose délicate et complexe qu'on appelle le doigté. Si j'avais la présomption de composer le Manuel du parfait président, je m'adresserais — prenant le ton de ce genre d'ouvrages — à l'élu du Congrès de Versailles :

— Les députés, lui dirais-je, ce sont des hommes pas si différents des autres qu'ils ne soient sensibles dans le privé à la raison et aux bonnes attentions. Voyez-les, causez avec eux, parlez-leur des affaires du pays, de l'intérêt général de la France. Le métier de politicien les a déformés, il a racorni leur esprit, rétréci leur vue, faussé leur jugement. A vous de les redresser, de les ramener à une vision plus claire de leur devoir, à une compréhension plus large de leur mandat. Soyez à leur égard un président éveillé, attentif, actif, oh ! pas pour vous, qui avez le bonheur de n'être qu'un septénaire sans hérédité, mais pour votre patrie, pour cette belle France dont vous avez accepté d'être la personnification vivante et tangible. Voyons ! ce n'est pas seulement afin de chasser le lapin ou de soigner votre vigne que la fortune vous a placé au premier rang. La Constitution fait de vous le guide suprême. Vous devez. vos conseils aux mandataires du corps électoral. Tantôt encouragez-les, tantôt retenez-les ! S'ils se trompent sur les vœux et les sentiments de l'opinion publique, prévenez-les charitablement qu'à les méconnaître davantage ils vous forceront de vous adresser directement au pays, de lui parler par-dessus leur tête, de lancer un message...

Thiers et Mac-Mahon sont les seuls présidents, j'ai déjà eu l'occasion de le constater, qui aient exercé le droit de message en cours de session. Leurs messages étaient nettement politiques. On conserve le souvenir de celui dans lequel Thiers prononçait avec décision : « La République sera conservatrice, ou elle ne sera pas! » A quoi J.-J. Weiss répliquait d'un mot fameux : « La République conservatrice, c'est une bêtise, et rien de plus », expliquant, avec assez de bon sens en somme, qu'on est républicain ou on ne l'est pas, qu'il n'y a qu'une République répondant à la forme de gouvernement désignée par ce nom, c'est « la République sans épithète ». Quant aux messages du maréchal, ils changeaient d'allure selon que c'était le duc de Broglie qui les dictait, ou M. Dufaure qui les inspirait, combatifs avec le premier, apaisés avec le second, mais tous dédiés aux principes conservateurs. Après les deux premiers présidents, la tradition s'est éteinte. Fâcheux renoncement! Comment le président de la République peut-il prétendre à une influence quelconque dans l'État, s'il n'utilise pas un moyen de direction qui atteste publiquement sa vigilance?

Naturellement nos présidents, ayant laissé sommeiller le droit de message, se sont bien gardés d'appliquer le droit de suspension. D'ailleurs l'un ne va pas sans l'autre, ainsi qu'il est dit à l'article 7 de la loi plus haut précitée : « Dans le délai fixé pour la promulgation (des lois), le président de la République peut, par un message motivé, demander aux deux Chambres une nouvelle délibération, qui ne peut être refusée ». Ce recours en appel n'est pas autre chose qu'un *veto* tempéré.

Le *veto*! Mot jadis impopulaire, et qui réveille de tragiques souvenirs historiques. « Ah! monsieur le comte, disaient les hommes du peuple à Mirabeau, partisan du *veto* à vie, si le roi a le *veto*, il n'y a plus besoin d'Assemblée nationale, nous voilà esclaves! » Le droit suspensif introduit dans notre Constitution ne se proposait pas de nous réduire en esclavage, il avait tout uniment pour but de pousser les Chambres dans une voie d'amendement. C'est, on l'a dit justement, « un préservatif ». Ici il faut se rappeler les vices dépeints par Benjamin Constant. Qu'elles obéissent à l'esprit de parti ou à des passions basses, il arrive que les Chambres se laissent entraîner à voter des lois contraires à l'intérêt général ou en opposition au sens national. Plus d'une réforme, dont le principe est excellent, se trouve faussée par suite de leurs interventions inconsidérées, et, ainsi, elle devient désastreuse. Qu'on passe en revue les grandes lois votées depuis une quinzaine d'années, lois issues de l'initiative gouvernementale ou législative, on sera effrayé du nombre de transformations qui en ont, en cours de discussion, défiguré le principe initial. Quand les écarts d'une Assemblée aboutissent à de tels résultats, le devoir du président de la République est de les réprimer sans faiblesse : la Constitution lui a confié le droit de suspension à cette seule fin.

Pas une fois, je dis pas une seule, l'on n'a recouru au *veto* depuis l'établissement de la Constitution. Mieux ! En 1905, il se trouva un sénateur, le général Billot, pour en appeler — contre la loi sur le service de deux ans — au chef de l'État, à son pouvoir de provoquer une nouvelle délibération. Mal lui en prit ! Le président du Sénat (c'était M. Fallières) l'interrompit en ces termes : « Il ne faut pas faire intervenir le chef de l'État dans cette discussion, ni surtout faire appel à lui contre la volonté des Chambres. » J'avoue qu'après un semblable incident Casimir-Périer avait quelque droit de triompher et de s'écrier ironiquement : — La lecture de la Constitution sera-t-elle désormais interdite aux sénateurs?...[1] Cependant aux États-Unis, le droit suspensif est d'usage

1. Voir cette lettre à l'Appendice.

courant, sans que le prestige du président en soit jamais atteint. Mais, là-bas, le pouvoir exécutif et le pouvoir législatif ne mettent pas leur honneur à se neutraliser réciproquement aux dépens du bien public : ils collaborent dans le sens complet de la Constitution.

Des droits non exercés ne sont pas des droits périmés. La Constitution de 1875 reste entière. Le pouvoir exécutif qu'elle a institué n'est pas un pouvoir subalterne. Elle l'a voulu au contraire tellement fort, tellement indépendant, qu'en plus des droits de message et de suspension elle l'a armé des droits de prorogation et de dissolution. Encore un mot — celui de dissolution — auquel l'on a fait un mauvais sort ! Oh ! bien à tort, car la dissolution n'est pas seulement contre les usurpations le meilleur remède au service de la *puissance réglante*, comme dit Montesquieu, elle est aussi la meilleure garantie de la souveraineté populaire contre une Assemblée déréglée.

CHAPITRE XI

Droits de prorogation et de dissolution.

CHAPITRE XI

DROITS DE PROROGATION ET DE DISSOLUTION

Le droit de dissolution est une prérogative indispensable
du pouvoir exécutif. — Opinions conformes de Thiers,
Dufaure et Wallon. — Si la prorogation est inefficace, la
dissolution devient le remède unique. — La dissolution
rend hommage à la souveraineté nationale. — L'histoire
du Seize-Mai et sa moralité : elle prouve l'efficacité de la
dissolution.

« Le président de la République, vu l'article 5 de la loi constitutionnelle du 25 février
1875, relative à l'organisation des pouvoirs
publics :

« Fait connaître au Sénat son intention de
dissoudre la Chambre des députés et lui
demande un avis conforme. »

On croirait à tort que ce texte est imaginé,
il figure réellement au *Journal Officiel*, mais

il faut, il est vrai, remonter assez loin dans ses collections pour l'y trouver : c'est celui du décret qui suivait le message adressé au Sénat par Mac-Mahon le 16 juin 1877 — juste un mois après le premier acte du Seize-Mai. Ce décret était parfaitement légal, parfaitement constitutionnel, l'article invoqué à l'appui de la décision présidentielle étant d'une parfaite précision : « Le président de la République peut, sur l'avis conforme du Sénat, dissoudre la Chambre des députés avant l'expiration légale de son mandat. » Ainsi, pas de contestation possible sur ce droit présidentiel. Il est absolu.

La reconnaissance du droit de dissolution constitue l'un des principaux mérites de la Constitution de 1875. Elle attribue au pouvoir exécutif une prérogative indispensable. Ce ne fut pas sans résistance, toutefois, que ce droit fut admis par l'Assemblée nationale. Il rencontra des adversaires à l'extrême droite comme à l'extrême gauche, toutes deux redoutant qu'il ne facilitât des manœuvres ténébreuses, la gauche hantée avec raison par la peur du « roi légitime », la droite par la peur d'un dictateur antimonarchique. Rouges ou blancs, les intransigeants de l'Assemblée, ballottés entre leurs traditions respectives et leurs préoccupations du moment, repoussaient le principe de la dissolution beaucoup par calcul politique, un peu par méconnaissance des inéluctables conditions du gouvernement parlementaire. Cependant Thiers, l'estimant indispensable à « l'intérêt du pays », l'avait inscrit dans le projet de Constitution déposé par Dufaure en 1873. Quand l'Assemblée, trois jours après avoir accepté l'institution du gouvernement républicain, le discuta dans la séance du 2 février 1875, Wallon, sans cacher que le droit de dissolution est une chose grave, établit qu'il est une chose nécessaire dans le cas de conflit entre le pouvoir législatif et le pouvoir exécutif. Et Dufaure, dans un discours d'une éloquence vigoureuse, en démontra l'impérieuse nécessité pour consolider le gouvernement républicain. D'aucuns eussent voulu laisser la faculté de dissoudre au président *seul*. Mac-Mahon craignit un présent aussi considérable : « L'usage de ce droit extrême serait périlleux, expliquait-il dans un message, et j'hésiterais moi-même à l'exercer si, dans une circonstance critique, le pouvoir ne se sentait appuyé par le concours d'une Assemblée modératrice ». La responsabilité de la dissolution fut, après son intervention, partagée entre le président et le Sénat. Malgré cette importante restriction, Dufaure n'en affirmait pas moins que c'était là un droit effectif — et non apparent : Mac-Mahon devait bientôt en fournir une démonstration éclatante.

L'Assemblée jugea utile d'étayer le droit de dissolution du droit de prorogation. Elle le fit par la loi constitutionnelle du 16 juillet 1875 (art. 2) : « Le président peut ajourner les Chambres. Toutefois, l'ajournement ne peut excéder le terme d'un mois, ni avoir lieu plus de deux fois dans la même session. » Le recours à la prorogation suppose une confusion ou une tension des esprits. Le gouvernement peut se trouver aux prises avec une Chambre ingouvernable, soit qu'aucune majorité stable ne s'en dégage, soit que l'intérêt égoïste des groupes y domine cyniquement l'intérêt général du pays. Afin d'essayer de prévenir un malentendu irréparable, le président prononce l'ajournement. Cette mesure a pour but d'inviter les députés à la réflexion. Séparés de leurs vicieuses coteries parlementaires, rendus à l'atmosphère plus saine du pays, peut-être prendront-ils conseil de la raison, peut-être s'amenderont-ils au contact de leurs mandants. Il se peut au contraire, et c'était l'opinion de Laboulaye, que cette mesuré aigrisse les esprits, qu'au lieu de prévenir une dissolution elle la précipite. Alors, le sort en sera jeté, le président n'aura plus à hésiter devant l'exercice de son droit suprême. Lorsqu'une Assemblée hostile s'irrite au lieu de désarmer, la dissolution de cette Assemblée — j'en appelle au témoignage de Benjamin Constant — est le remède unique.

Qu'est-ce donc que la dissolution ? C'est le plus grand hommage rendu à la souveraineté nationale. En effet, ce n'est pas contre le suffrage universel qu'elle est instituée, c'est contre les Assemblées en désaccord avec lui ; ce n'est pas le corps électoral qu'elle menace, c'est le corps représentatif qui se montrerait brouillon ou fatigué, impuissant ou délirant. Elle est la sanction permanente de la responsabilité des représentants, et, par suite, la plus sûre garantie des citoyens contre la tyrannie de mandataires usurpateurs ou félons. Qu'entre la Chambre et le gouvernement surgisse un conflit engageant la direction générale de la politique et des intérêts de la patrie, le président examine de quel côté est le bon droit : si du côté de la

Chambre, il laisse partir le ministère, au besoin il le renvoie lui-même ; si du côté du ministère, va-t-il par pusillanimité laisser le législatif nuire au pays en contrariant l'action de l'exécutif ? La mission du président est double : collaborer loyalement avec les Chambres — mais écouter attentivement l'opinion. Or, étant bien démontrée l'impossibilité de gouverner avec une Chambre en opposition au sens national, il se retournera vers l'opinion, c'est à l'opinion qu'il s'adressera, c'est elle— fort de son droit constitutionnel — qu'il fera juge entre les députés et son ministère : en un mot, c'est à l'arbitre suprême — le suffrage universel — qu'il demandera la solution du conflit.

Tel est le principe fondamental du droit de dissolution. Dangereux, en admettant qu'il le soit, ce n'est pas, on le voit, contre les libertés, puisqu'il s'exerce au moyen de la liberté primordiale, la liberté du vote. Il ne saurait donc l'être qu'à l'égard des Assemblées qui mésusent de leur mandat, des Assemblées qui abusent de leur puissance pour sacrifier le bien public aux ambitions coupables de la caste parlementaire. Par quelle aberration pourrait-on soutenir que le pays réprouverait l'usage d'un droit inventé pour sa propre défense ? Mais, dira-t-on, si le président prétend en user contre une Chambre en communion d'idées avec le pays, s'il veut imposer, lui, une politique condamnée par l'opinion, voyez dans quelle situation pleine de périls il plongera la France ! voyez ce qui arrivera !... Ce qui arrivera ? Eh bien, l'histoire du Seize-Mai nous l'enseigne, et c'est une histoire tellement probante, tellement réconfortante, que j'en veux dire quelques mots rapidement.

L'Assemblée nationale se sépara le 8 mars 1876, ayant siégé plus de cinq ans, pour céder la place au Sénat et à la Chambre des députés, qui venaient d'être élus pour la première fois en conformité des nouvelles institutions. L'Assemblée, quoique sortie du scrutin de liste, avait affecté le scrutin uninominal à la Chambre, les droites espérant garder leurs positions grâce à leurs influences gouvernementales et locales : « Le scrutin d'arrondissement, dira plus tard Gambetta, était la dernière forteresse du parti conservateur. » Malgré cette précaution, malgré l'appui actif du cabinet Buffet, les électeurs envoyèrent au Palais-Bourbon 373 républicains, contre 156 monarchistes seulement. M. Buffet, vice-président du conseil, ministre de l'Intérieur, battu dans les quatre circonscriptions où il s'était présenté, démissionnait par force. Devant une volonté aussi manifeste du pays républicain, le maréchal, non converti mais apparemment résigné, se proposa d'accorder ses obligations constitutionnelles avec ses idées personnelles. Successivement il confia le pouvoir à M. Dufaure et à M. Jules Simon, tous deux encore trop républicains à son gré, mais assez modérés tout de même pour le rassurer en partie. Sa bonne volonté néanmoins devait fatalement succomber aux suggestions de son entourage royaliste et religieux : les monarchistes étaient d'autant plus impatients de comploter une restauration que la République gagnait vivement en recrues. Au printemps de 1877, les ultramontains s'étant livrés à d'audacieuses manifestations, Gambetta lança à la tribune la parole retentissante : « Le cléricalisme, voilà l'ennemi! » Peu de jours après, le 16 mai, le maréchal, sous un prétexte secondaire, écrivait à Jules Simon, premier ministre, une lettre dont la nature et la sévérité entraînaient sur l'heure la démission du cabinet. Le 18, il ajournait la Chambre, déclarant dans un message qu'après l'échec de ses tentatives pour « concilier la forme républicaine avec les principes conservateurs », sa conscience lui défendait d'aller plus loin. Enfin, le 16 juin, il soumettait au Sénat, invoquant les mêmes raisons, le décret de dissolution dont on a lu le texte plus haut : le Sénat ne l'approuva, après une discussion approfondie, que par 149 voix contre 130, sur 279 votants.

Fermons les yeux sur l'administration combative du duc de Broglie et sur la résistance formidable des « 363 » : ce qui nous importe, ce n'est pas les péripéties de cet épisode historique, c'est le caractère de la dissolution qui les amena. Eh bien, il faut l'avouer, au point de vue strictement constitutionnel, le maréchal, en prenant l'initiative de la dissolution, usait de son droit absolu : il était entièrement dans son rôle constitutionnel. Pourquoi une réprobation persistante s'est-elle donc attachée à cet acte de sa fonction? Parce que le Seize-Mai, légal en sa forme, était coupable dans ses intentions, parce qu'il couvrait une aventure politique en contradiction avec l'opinion exprimée par le pays aux élections générales de 1876, parce qu'il visait le régime parlementaire, parce qu'il entraînait la France — disait le sénateur Berthauld — dans une lutte religieuse entre la société civile d'une part et la société ultramontaine de l'autre, parce qu'il posait — déclarait le sénateur René Bérenger — la question de République ou de monarchie. Or le sentiment de la France était connu, elle avait nommé une Chambre républicaine : renvoyer la Chambre par « une dissolution machinée », ainsi la qualifiait Gambetta, ce n'était pas servir le pays, c'était lui déclarer la guerre.

On ne peut donc s'étonner que le pays ait porté condamnation sur la dissolution de 1877. Cela ne signifie pas que son juste courroux ait à jamais condamné le droit de dissolution en soi. Je prétends, quant à moi, que l'aventure du Seize-Mai témoigne en faveur de ce droit. La République et les républicains lui ont dû un triomphe plus rapide, plus décisif. Entre eux et moi, avait dit au pays le maréchal, choisis ! Le pays ayant choisi, le maréchal s'inclina. Lui-même, il en donna la raison, loyalement, dans un message porté aux Chambres par M. Dufaure : « L'exercice du droit de dissolution n'est qu'un mode de consultation suprême auprès d'un juge sans appel et ne saurait être érigé en système de gouvernement. J'ai cru devoir user de ce droit et je me conforme à la réponse du pays. » Ainsi les ennemis de la République, pour se débarrasser d'elle, avaient appliqué la Constitution dans toute sa rigueur, et c'est la Constitution — appuyée par le pays — qui les chassait du pouvoir ! N'étais-je pas autorisé à dire que l'événement du Seize-Mai est à la fois probant et réconfortant ? Il démontre l'efficacité de la dissolution — amplement.

La preuve est faite. Mais il est des républicains qui présentent des objections théoriques contre le droit de dissolution, tandis que des théoriciens élèvent des objections pratiques. Nous examinerons les unes et les autres, et l'on reconnaîtra que ni les unes ni les autres ne sont fondées.

———

CHAPITRE XII

Le droit de dissolution et le parti républicain.

CHAPITRE XII

LE DROIT DE DISSOLUTION ET LE PARTI RÉPUBLICAIN

L'origine du droit de dissolution. — Organisme du système constitutionnel. — Opinions conformes de Montesquieu et des principaux théoriciens. — L'omnipotence parlementaire doit être contenue par une force répressive. — Des causes de dissolution. — Accord des républicains modérés et des fondateurs du parti radical. — Le président peut-il appliquer le droit de dissolution ?

L'exercice normal du droit de dissolution par le président de la République est soudé au bon fonctionnement du régime parlementaire. Je crois avoir démontré combien il est injuste d'invoquer l'acte exceptionnel du Seize-Mai contre la dissolution régulière des Assemblées. Cet argument de fait étant écarté, reste à prouver la faiblesse de celui auquel

recourt d'ordinaire certaine école républicaine, argument beaucoup plus sentimental
que théorique à mon avis, car il condamne le
droit de dissolution uniquement parce qu'il
ne serait pas d'origine républicaine.

L'objection comptait d'irréductibles partisans dans les gauches de l'Assemblée nationale. Ceux-là conservaient encore l'esprit
des constituants de 1848, lesquels, bien loin
d'admettre le droit de dissolution ou de prorogation, avaient déclaré « crime de haute
trahison » toute mesure présidentielle tendant
à l'appliquer. M. Dufaure, s'adressant à ces
survivants du républicanisme romantique,
s'exprima sans ambages : « Je conviens que
si on recherche dans l'histoire des républiques
qui ont vécu jusqu'à ce jour, on ne pourra
pas y voir inscrit le droit de dissoudre l'une
des Chambres. Mais je n'admets pas que la
République doive être nécessairement formée
suivant un type déjà convenu, limité, exclu-
sif. » Du moment que la démocratie française

s'organisait en République parlementaire, elle était obligée de se soumettre aux nécessités du système représentatif. Il ne suffit pas qu'un peuple décrète de vivre en république pour qu'il ait la faculté de se passer désormais de tout mécanisme gouvernemental.

Le système parlementaire a pour condition l'existence de pouvoirs divisés, voire même antagonistes, pouvoirs se contrôlant et s'équilibrant par des moyens d'action différents. Or il faut bien reconnaître que ce système n'est pas né d'une création spontanée. Il n'est pas sorti, tout nouvellement inventé, de la prise de la Bastille pas plus que de la révolution de Février. L'idée en a jailli sous la monarchie, et, dussé-je passer aux yeux des sectaires attardés pour trahir la République en proclamant une telle vérité, je suis bien forcé d'écrire que c'est la monarchie qui, la première, soit en Angleterre, soit en France, a fait l'essai des libertés constitutionnelles. Ainsi, en fait, la plupart des organes du gouvernement représentatif sont d'origine monarchique, et, dans ce sens, cette origine est bien celle du droit de dissolution. Cela signifie-t-il que ce droit soit incompatible avec la souveraineté nationale ? Tous les grands théoriciens prétendent le contraire.

C'est Montesquieu écrivant : « Si la puissance exécutrice n'a pas le droit d'arrêter les entreprises du corps législatif, celui-ci sera despotique ; car, comme il pourra se donner tout le pouvoir qu'il peut imaginer, il anéantira toutes les autres puissances. » C'est Benjamin Constant montrant que, sans la faculté de dissoudre les Assemblées représentatives, leur inviolabilité sera toujours une chimère : « Quand un tel moyen ne se trouve pas dans l'organisation politique, les événements le placent dans la force. La force vient toujours à l'appui de la nécessité. » C'est Tocqueville se déclarant convaincu que la liberté est en péril lorsque le pouvoir social représenté par les Assemblées ne trouve devant lui aucun obstacle qui puisse retenir sa marche et lui donner le temps de se modérer lui-même. C'est Laboulaye dépeignant les députés toujours entraînés vers la dictature exercée au nom du peuple, c'est-à-dire par eux-mêmes et à leur profit, toujours aboutissant au despotisme parlementaire si le pouvoir exécutif n'est pas organisé assez fortement pour sauvegarder la souveraineté du peuple contre les usurpations et les égarements des assemblées. Enfin, en Amérique, c'est Jefferson, l'homme dont on a pu dire qu'il fut le plus puissant apôtre qu'ait jamais eu la démocratie, proclamant que « la tyrannie des législateurs est le danger le plus redoutable ». Et tous, et bien d'autres avec eux, de conclure que le premier besoin du gouvernement démocratique est d'opposer à l'omnipotence parlementaire une force répressive, en l'espèce le droit de dissolution.

Une démocratie intelligente et prudente

doit toujours faire entrer dans les choses à prévoir la destitution possible des dépositaires du pouvoir. Placée dans l'alternative de craindre entre le coup d'État d'un seul et la tyrannie d'une collectivité, il lui faut se réserver le moyen d'ôter le pouvoir aux Assemblées comme aux hommes. C'est ainsi que la Constitution de 1875, soucieuse d'une juste distribution préventive, tient suspendus — d'une part sur le président et les ministres la mise en accusation, d'autre part sur les députés le recours à la dissolution. Encore le fait de dissoudre la Chambre pourrait-il résulter moins d'une menace qualifiée que d'une nécessité politique. Les cas de conflit ne sont pas les seules circonstances où la mesure s'impose. Elle se justifie par d'autres motifs qu'une opposition insoluble entre le Parlement et le gouvernement, par exemple un conflit persistant entre les deux Chambres, ou bien un désaccord manifeste entre le pays et ses représentants. Il peut y avoir en jeu

telle question de principe brusquement sur-
gie, telle réforme politique devenue soudain
une cause de division des partis et d'impuissance du Parlement, par suite de quoi une
consultation anticipée du corps électoral soit
rendue indispensable. Sérieusement les institutions courraient-elles un danger quelconque si le président jugeait utile de le consulter après un changement de ministère
amenant un changement de politique ? Le
meilleur moyen de rester d'accord avec le
pays est de connaître son opinion pour s'y
conformer. De plus, il arrive souvent que les
Chambres ont moralement terminé leur carrière avant l'expiration légale de leur mandat. Pourquoi s'obstinent-elles à prolonger
leur rôle ? Finir sa vie à propos est une condition nécessaire de l'homme public, disait
Chateaubriand, vérité dont les Assemblées
devraient faire leur règle. A s'attarder inutilement sur leurs bancs, elles perdent la
faveur populaire, elles deviennent un obs-

tacle, elles suscitent la haine. Si les députés se croient en communauté d'esprit et d'opinion avec le pays, qu'ont-ils à redouter d'une dissolution? L'histoire du Seize-Mai leur démontre qu'ils peuvent retourner devant les électeurs avec confiance.

Inutile d'aller chercher au delà de la Manche l'exemple de la Chambre des communes, dissoute presque régulièrement avant l'expiration de son mandat, pour établir que le droit de dissolution est inhérent au gouvernement parlementaire. Les hommes d'État de la troisième République l'ont reconnu hautement. Jules Ferry le défendit en 1884, à la veille du Congrès de revision : le tenant pour un droit essentiel de notre système constitutionnel, il en opposait l'exercice loyal à l'essai déloyal — l'antinomie est de lui, — suggéré au maréchal par le duc de Broglie. Rouvier voyait en lui moins une mesure au caractère coercitif qu'un instrument organique. Waldeck-Rousseau eût voulu qu'on l'appliquât dès 1881, au lendemain du vote rendu par le Sénat contre le scrutin de liste proposé par Gambetta, et, plus tard, de 1895 à 1898, dans la période d'activité où il prodiguait à travers la France son éloquence merveilleuse, il ne cessa d'en vanter les avantages et d'en indiquer les nécessités. Peut-être les néo-jacobins de notre radicalisme refuseraient-ils d'accorder créance à l'opinion de ces hommes de gouvernement. Volontiers lui opposeraient-ils celle de Floquet qui, il y a trente ans, se rencontrait avec le bonapartiste Raoul Duval pour demander la suppression du droit de dissolution. Qu'ils prennent garde ! Les plus fameux de leurs ancêtres ont partagé l'avis de l'école gambettiste. En 1872, Louis Blanc, à l'Assemblée nationale, s'écrie : « A ceux qui disent : le souverain, c'est l'Assemblée, je réponds, moi : le souverain, c'est la nation ! Interrogez le suffrage universel. Franchement, prétendre qu'on a pour soi l'opinion publique et refuser de la consulter, c'est trop de moitié ! » En 1874, Ledru-Rollin, au bord de la tombe, sort de son silence pour protester contre la loi électorale en discussion : « Faites un grand acte de patriotisme, dit-il à ses collègues, et, au lieu de mutiler le suffrage universel, concluez à la dissolution, et vous verrez demain le pays tout entier se lever et reprendre confiance ! » En 1875, Henri Brisson réclame la dissolution immédiate ; relevant les paroles du duc Decazes qui alléguait que le président de la République ne pouvait discerner la véritable majorité de l'Assemblée, il prononce : « Eh bien ! s'il est un argument qui milite en faveur de la dissolution, c'est la constatation de cette impuissance. » Lorsqu'on voit ces grands républicains désirer aussi vivement un appel anticipé au pays, il est difficile de prétendre que la dissolution est une atteinte au suffrage universel.

Devant de pareilles autorités, prises parmi les écrivains constitutionnels et les hommes politiques, la question me semble résolue.

A l'appui de cette démonstration l'Histoire produit des témoignages irrécusables. Qu'il me suffise d'en indiquer le faisceau. Le droit de dissolution étant inscrit dans la Charte de 1815 et dans la Constitution de 1875, Charles X et Mac-Mahon prétendent chacun en user contre le sentiment du pays : celui-ci leur répond victorieusement — en 1830 par la Révolution, en 1877 par l'écrasement de la réaction. Dans la méfiance du pouvoir exécutif, le même droit est banni des Constitutions de l'an III et de 1848 : le pouvoir exécutif ne pouvant consulter la nation, recourt à la force et fait les coups d'État du 18 Fructidor et du 2 Décembre. Au contraire, en 1816 et en 1827, sous le régime de la Charte, le droit de dissolution est appliqué à propos et loyalement : par là la royauté « légitime » dénoue aisément deux crises menaçantes. — Que l'on médite ces faits. Même si l'on refusait d'admettre avec

Benjamin Constant que « la nation n'est libre que lorsque les députés ont un frein », l'on serait bien obligé de convenir que ce n'est pas l'absence du frein qui met les Constitutions à l'abri de toute violation : exemples — le 18 Fructidor et le 2 Décembre.

Mais ce n'est pas tout de prôner le droit de dissolution et de le justifier. Tel quel, quoique promulgué par la Constitution, est-il au pouvoir du président de l'appliquer ? Prévost-Paradol s'est posé la question dans sa *France nouvelle*, et il l'a fait en des termes tels qu'il faut le citer : « Le chef élu (le président) représente lui-même un parti auquel il doit tout, dont il aura encore besoin après sa magistrature, et dont il est trop souvent l'instrument plutôt que le guide, car ce ne sont pas les hommes les plus éminents qui, sous la forme républicaine, arrivent en général au rang suprême. Ce président voudra-t-il et pourra-t-il faire un usage opportun de ce grand pouvoir ? Renverra-t-il malgré eux ses amis et ses partisans devant les électeurs, au risque de briser de sa propre main sa majorité et son parti ?... » En vérité, l'objection est forte. Seulement, ce n'est pas uniquement le droit de dissolution qu'elle met en cause, c'est l'exercice de toutes les prérogatives présidentielles. Il ne s'agit pas de savoir si l'élu aura le courage de révoquer ses électeurs, mais quelle idée eux et lui se font de la séparation des pouvoirs, quelle est leur conception du gouvernement représentatif.

CHAPITRE XIII

*L'omnipotence du pouvoir législatif
et ses dangers.*

CHAPITRE XIII

L'OMNIPOTENCE DU POUVOIR LÉGISLATIF ET SES DANGERS

Usurpation des Assemblées délibérantes. — Le pouvoir judiciaire suborné. — Le pouvoir législatif ne doit pas gouverner. — Le pouvoir exécutif est la puissance réglante. — Séparation nécessaire des trois pouvoirs. — Quand la puissance législative asservit la puissance exécutrice, le Parlement est tout, la nation n'est rien, et la liberté est menacée.

De même que la question posée par le Seize-Mai était de savoir, selon la parole de Gambetta, si, en France, c'est la nation qui gouverne ou un homme qui commande, de même pourrait-on se demander aujourd'hui si, en dépit de la division des pouvoirs établis par nos lois constitutionnelles, c'est le Parlement qui gouverne et qui commande exclusivement. La France possède bien le gouvernement de la nation par la nation, mais, à en juger par l'usurpation des Assemblées délibérantes et par l'abdication des puissances exécutrices, il semble que ce ne soit plus là qu'une poussière de gouvernement.

Une Constitution est un tout dont les diverses parties sont agencées en vue de produire sans heurt une direction d'ensemble. Celle de 1875, malgré ses trous, organisa le gouvernement représentatif fondé sur la séparation réelle des pouvoirs. Ses auteurs étaient convaincus que la division des pouvoirs, leur équilibre, leur balance, sont la meilleure garantie des libertés. A l'user, le principe ne s'est-il pas perverti ? Du moins l'observation des choses permet de le supposer, et ce spectacle explique notamment l'abandon des prérogatives présidentielles. En théorie, néanmoins, il est admis que le gouvernement de la démocratie française comprend trois pouvoirs distincts : l'exécutif, le législatif et le judiciaire. Mais je crois qu'en fait la division énoncée est devenue, par la faute des hommes et des mœurs politiques, purement nominale.

De nos jours le pouvoir judiciaire apparaît comme une chose tellement inexistante qu'on oublie même de le mentionner. C'est cependant celui dont l'existence importe le plus aux citoyens. Or — triste renommée ! — nul corps social ne passe pour être plus asservi à la politique. L'opinion ne croit pas à son indépendance, et, s'étant persuadée par trop d'exemples scandaleux que le favoritisme est la première règle de son recrutement, elle dit couramment qu'il est domestiqué. Mais, et j'écris ceci sans ironie, c'est à tort qu'elle généralise. Si elle a vu trop de postes d'avancement aller à des magistrats de carrefour ou à des magistrats d'antichambre, elle ne doit pas ignorer tant de juges vieillis noblement dans une pauvre obscurité pour n'avoir pas voulu sacrifier leur dignité ni leur devoir aux exigences de leurs maîtres — les députés. Victimes de leur probité professionnelle, ceux-là par ricochet le sont également de la défaveur qui s'est étendue sur toute la corporation à la suite de scandales violents. Depuis qu'il a été publiquement avoué — non sans quelque cynisme — que le « fait du prince » intervient à sa fantaisie dans l'administration de la justice, le pouvoir judiciaire a perdu de son autorité. Chose curieuse ! Jusqu'ici, par une chance exceptionnelle, il a échappé à ces grands mouvements d'opinion qui bouleversèrent et nettoyèrent tant d'antiques institutions. Ce privilège étonnant durera-t-il encore longtemps ? Je ne sais, mais je pense que le jour où il sera attaqué, le jour où — là aussi — des mains impitoyables porteront le fer rouge, il faudra que la loi songe à se protéger contre le législateur : il faudra que, sans aller jusqu'à imposer aux parlementaires un choix absolu entre la tribune et la barre, elle édicte des prescriptions garantissant les justiciables contre les influences politiques dont se gonflent trop de robes d'avocats. Ce disant, je veux simplement constater que dans notre gouvernement le pouvoir judiciaire est tombé à un rang subalterne — dépouillé et suborné par le pouvoir législatif. Beaucoup de magistrats sont les premiers à regretter cette posture humiliante, mais leurs sentiments ne suppriment pas malheureusement un état de choses aussi attristant.

L'article premier de la Constitution dit que le pouvoir législatif s'exerce au moyen de deux Assemblées : la Chambre des députés et le Sénat. Est-ce là des Assemblées souveraines ? En principe, ce sont tout simplement des Assemblées de législation et de contrôle. Leur rôle consiste à fixer les dépenses publiques, à prendre l'initiative des lois et à les confectionner, à statuer sur l'administration et sur la politique du gouvernement. Ce n'est pas le cas de comparer entre elles les situations respectives des deux Assemblées. Sauf que les lois de finances doivent être présentées en premier lieu à la Chambre et votées par elle, le Sénat a des droits égaux. Il possède même une autorité constitutionnelle plus considérable. Victor Hugo le lui rappelait en 1877, au cours de la discussion engagée sur la dissolution : « Vous êtes le seul pouvoir que ne domine aucun autre. La Chambre relève de vous, vous pouvez la dissoudre ; le président relève de vous, vous pouvez le juger. » Quoi qu'il en soit, sans séparer les deux corps du pouvoir législatif, ne retenons que sa fonction exprimée par les lois constitutionnelles : elle est essentiellement de défendre les libertés et les intérêts du pays. En aucun de ses articles, la Constitution ne parle de la suprématie du pouvoir législatif — pas plus de son omnipotence que de sa prépondérance. Les élus sont délégués par la nation pour légiférer et non pour gouverner. Ils n'ont pas pour mission d'asservir ni de s'asservir, mais de collaborer à la gestion générale des affaires publiques d'accord avec le pouvoir exécutif — seul dépositaire de l'autorité. En dehors de cette règle, si, par exemple, l'on identifiait l'exécutif et le législatif, il y aurait confusion et usurpation.

Le pouvoir exécutif a la direction et la responsabilité des affaires de l'État. Si l'on se souvient de toutes les prérogatives attribuées au président de la République, si, d'autre part, l'on tient compte du rôle confié aux ministres par la Constitution, laquelle les rend solidairement responsables devant les Chambres de la politique générale du gouvernement, on conviendra qu'il serait juste de distinguer le pouvoir présidentiel d'avec le pouvoir ministériel. A vrai dire, le président figure ce que Benjamin Constant appelait *le pouvoir neutre* et Montesquieu *la puissance réglante*. Pourquoi établir une distinction entre le pouvoir du chef d'un État constitutionnel et les autres pouvoirs? Parce que, comme l'expliquait Benjamin Constant, il faut une autorité à la fois supérieure et intermédiaire au-dessus de l'exécutif, du législatif et du judiciaire : quand ces ressorts se dérangent, quand ils s'entravent, la force supérieure les remet à leur place. Étant donné que l'intérêt du chef de l'État exige que les trois pouvoirs s'entendent, qu'ils agissent de concert, son action propre sera « préservatrice, réparatrice, sans être hostile ». Le besoin d'une pareille autorité ressort du besoin d'harmonie qui est indispensable à la marche de l'État. Mais il est évident qu'elle resterait inefficace si elle ne possédait l'indépendance et la force, si elle se laissait paralyser par l'un des pouvoirs qu'elle a mission de maintenir dans une sphère déterminée. Telle est la raison du contrepoids établi entre les diverses branches du gouvernement représentatif.

Ce n'est pas interpréter librement la Constitution de 1875 que de dire qu'elle a cru, en divisant et en dosant les pouvoirs publics, prévenir les empiétements et les abus. En réalité, aucun des trois organes fondamentaux de la souveraineté populaire n'a de prééminence propre, aucun n'est subordonné aux autres, tous sont égaux, chacun est maître en son domaine. Cela étant reconnu, comment se fait-il que l'équilibre soit rompu au point que l'exécutif ne soit plus — comme le judiciaire — qu'une dépendance du législatif? C'est que le système parlementaire a été entièrement faussé : de la partie — la Chambre, l'on a fait le tout — le gouvernement. Systématiquement la Chambre des députés, se donnant avec une belle impudence comme la souveraineté nationale elle-même, a absorbé la puissance de tous les organes de l'État. Le pouvoir exécutif ni le pouvoir présidentiel n'ont eu le courage de résister, la velléité de se défendre.

Je reconnais que plus d'un homme politique s'en est indigné ou l'a déploré amèrement. M. Paul Deschanel s'en expliquait en 1899, et, estimant notre Constitution mauvaise, il déclarait ne vouloir accepter le pouvoir que pour faire un Congrès et aller à Versailles : « L'instrument dont nous nous servons, disait-il, est mauvais ; changeons-le, ou alors mettons nos présidents de la République à même de se servir des pouvoirs considérables dont ils sont armés »[1]. Trois ans plus tard, l'honorable M. Ribot, parlant avec l'autorité particulière qui s'attache à sa longue expérience, s'écriait dans un discours public : « C'est une chimère de penser que dans un pays comme le nôtre... on établira une sorte d'indépendance, d'autonomie du pouvoir exécutif »[2]. A mon humble avis, peut-être pourrait-on rendre à l'exécutif sa personnalité et son autorité en revenant simplement à la

1. *Écho de Paris* du 21 janvier 1899.
2. Discours prononcé à Marseille le 13 mars 902.

vérité constitutionnelle, au véritable système représentatif, car le gouvernement actuel, ou plutôt celui que l'on pratique actuellement, n'est pas autre chose que le régime si bien dénommé par Cormenin : *la gouvernocratie parlementaire*.

Dans une grande démocratie, la nation n'est libre — je rappelle le mot de Benjamin Constant — que si les députés ont un frein. L'action parlementaire doit être solidement limitée. Certes, il ne s'agit pas de la subordonner à l'action gouvernementale, mais il faut que toutes deux soient organisées de telle sorte qu'elles puissent exercer leurs prérogatives respectives sans nuire à leurs rapports mutuels. Sous la Restauration et sous la monarchie de Juillet, les républicains repoussaient comme une hérésie l'idée de mettre le gouvernement dans le Parlement. Ceux-là savaient que le fait de soumettre l'exécutif au législatif provient d'une confusion entre l'esprit républicain et l'esprit jacobin; si cette confusion règne dans l'État, la Constitution peut se résumer en un article unique : Le Parlement est tout, la nation n'est rien.

Dès longtemps l'on a prédit les dangers du parlementarisme envahissant. Au moment même où il proposait en exemple la Constitution anglaise, Montesquieu annonçait que l'Angleterre perdrait sa liberté, qu'elle périrait « lorsque la puissance législative serait plus corrompue que l'exécutrice ». De même Tocqueville montrait la liberté en Amérique compromise dans l'avenir par l'omnipotence de la majorité. Et Herbert Spencer a formulé « que la fonction du libéralisme, après avoir été de mettre une limite aux pouvoirs des rois, devrait consister à mettre une limite aux pouvoirs du Parlement ».

Ainsi la position des chefs d'État constitutionnels devient de plus en plus redoutable. Mais, comme le disait ce bourru de Royer-Collard, les Constitutions ne sont pas des tentes dressées pour le sommeil. Quant à nous, Français, toujours autoritaires autant que révolutionnaires, nous touchons à un moment où notre président de la République devra se montrer éveillé, oh! très.

CHAPITRE XIV

Les origines
du président de la République.

CHAPITRE XIV

LES ORIGINES DU PRÉSIDENT
DE LA RÉPUBLIQUE

Nomination du président par les deux Chambres réunies en Congrès. — Pourquoi, à l'élection populaire choisie par la Constituante de 1848, l'Assemblée de 1875 préféra l'élection parlementaire. — Des autres systèmes électoraux. — Devoir des électeurs présidentiels. — Le scrutin secret. — Les réunions plénières avant le Congrès : leur mauvais fonctionnement.

Les pouvoirs considérables dont l'investit en principe la Constitution, de qui en réalité le président de la République les tient-il ? D'où lui vient son mandat? Quelle est son origine?

Lisons la Constitution :

Loi du 25 février 1875. — Art. 2. Le président de la République est élu à la majorité absolue des suffrages par le Sénat et par la Chambre des députés réunis en Assemblée nationale. Il est nommé pour sept ans. Il est rééligible.

Loi du 16 juillet 1875. — Art. 3. Un mois au moins avant le terme légal des pouvoirs du président de la République, les Chambres devront être réunies en Assemblée nationale pour procéder à l'élection du nouveau président. A défaut de convocation, cette réunion aura lieu de plein droit le quinzième jour avant l'expiration de ces pouvoirs.

Le principe électif étant l'attribut essentiel du mode de gouvernement appelé république, rien de plus naturel que le pouvoir suprême de l'État français se délègue par l'élection. Une autre formation du pouvoir exécutif serait contraire à l'esprit d'une nation qui a voulu soustraire son gouvernement au droit héréditaire pour le confier à des magistrats temporaires. Aussi, sur le principe de nomi-

nation du président, n'y a-t-il point divergence parmi les républicains : tous s'accordent, cela va de soi, sur le choix par voie
d'élection. Ils n'ont différé, ils ne diffèrent
encore — ouvertement ou confidentielle-
ment — que sur le système électoral à em-
ployer.

Le problème ici soulevé est assez complexe.
L'Assemblée constituante de 1848 l'aborda,
en commission et en séance publique, dans
des discussions pleines des théories les plus
contradictoires. Tiraillée entre des sentiments
généreux et des craintes dont l'avenir devait
apporter la justification, elle hésitait à se prononcer sur les systèmes exposés, quand Lamartine, cédant à l'un de ces irrésistibles
mouvements d'éloquence où chantait son
cœur illuminé, la décida à remettre les destinées de la France au suffrage populaire. Il
serait par trop audacieux d'oser avancer en
quelques lignes, sans plus d'explications historiques et raisonnées, que le choix du suf-

frage universel direct pour l'élection du président de la République ne fut peut-être pas l'unique cause déterminante du succès de l'entreprise impérialiste de Louis Bonaparte. Quoi qu'il en soit, les républicains, lorsque le Deux-Décembre les eut condamnés à la méditation, résolurent, d'accord avec les constitutionnels libéraux, de retenir pour le Parlement lui-même — quand les temps seraient venus ! — la désignation du chef de l'État. C'est le principe qui s'imposa aux constituants de 1875. De sorte que, tandis qu'en 1848 l'élection populaire du président était contre-balancée (?) par la limitation excessive de ses droits, l'extension des pouvoirs présidentiels fut équilibrée, dans la pensée des constituants de 1875, par l'élection parlementaire. De quoi des républicains très sincères, s'appuyant sur l'objection connue de Prévost-Paradol, arguent contre la possibilité pour le président d'accomplir son devoir avec indépendance, par-

tant de là pour lui vouloir une origine différente.

Quelques-uns, admirateurs passionnés de
la Constitution des États-Unis, sont partisans du mode de votation appliqué au delà
de l'Océan. Là-bas, on le sait, le président de
la République est nommé par des délégués
spéciaux du suffrage universel, élus d'un jour
uniquement chargés de l'élection présidentielle — en dehors des sénateurs et des députés tenus à l'écart de cette opération constitutionnelle et nationale. Un constituant de
1848 (Tocqueville, je crois) avait eu un moment l'idée d'une élection sinon similaire
mais tout de même à deux degrés. D'autres,
moins hardis en leurs desseins que les premiers, se contenteraient d'un collège électoral
plus élargi que l'actuel, collège dans lequel
entreraient, avec les membres du Parlement,
les représentants des grands corps de l'État.
Déjà Thiers (le projet de Constitution de 1873
en témoigne) voulait adjoindre au Congrès

présidentiel des délégués des conseils généraux : les conseils eussent, dans leur session
annuelle d'août, nommé chacun trois électeurs éventuels. Des deux systèmes ainsi
brièvement résumés, quel serait au besoin le
préférable ? La question, quoique débattue
souvent, ne saurait être discutée ici, étant
entendu qu'en cet examen des pouvoirs du
chef de l'État je ne me suis pas proposé de
rechercher s'il y a lieu de reviser la Constitution, mais bien s'il y a moyen de l'appliquer
complètement.

Aux termes mêmes de la Constitution,
lorsque les membres du Sénat et de la Chambre sont réunis en Congrès pour procéder à
une élection présidentielle, ce n'est pas précisément en tant que sénateurs, en tant que
députés, c'est comme représentants du peuple
convoqués en Assemblée nationale. Ne croyez
pas qu'en faisant pareille distinction j'essaye
de subtiliser, afin de mieux atténuer les
inconvénients d'une élection exclusivement

parlementaire. Je veux seulement souligner le caractère spécifique de ce collège électoral. Sauf la défense d'élire les membres des familles ayant régné sur la France, ledit collège n'est pas renfermé par la Constitution dans des limites, il est libre de son choix, il peut nommer à la présidence de la République le citoyen qu'il veut et le prendre où il veut. Corps émané du peuple, l'ampleur de son mandat signifie qu'il doit oublier en ce jour ses préoccupations parlementaires pour ne penser qu'à réaliser le vœu du pays, qu'à ratifier le choix qui serait celui de la souveraineté populaire si elle s'exprimait directement. Cela, objectera-t-on, ne se passe pas ainsi dans la réalité. C'est possible, mais je dis ce qui devrait être. L'une de nos précédentes Constitutions, organisant le collège électoral du pouvoir exécutif, l'assimilait à une Assemblée nationale « faisant fonction d'assemblée électorale au nom de la nation ». En s'inspirant de la pensée qui se dégage de cette formule, les électeurs présidentiels éviteront le danger de donner l'impression que leur élu est tout simplement l'élu d'une coterie.

Les électeurs présidentiels sont-ils réellement libres de leur choix? Je veux le croire, puisque le scrutin secret, établi par un règlement traditionnel, leur garantit la liberté du vote. En l'espèce, c'est le scrutin obligatoire. Ne vous pressez pas de le taxer d'immoralité! Sans doute le secret permet des défaillances, mais la publicité entraîne les âmes faibles à des lâchetés. Si la corruption peut faire son office avec le scrutin secret, que ne peuvent, avec le scrutin public, l'intimidation et la menace! Quand il s'agira d'écarter une personnalité portant ombrage aux médiocres, quand il s'agira de faire échec à une réforme politique redoutée d'un clan, la publicité sera exploitée par la violence, et, grâce à elle, les procédés malsains ou déloyaux changeront le vote des pusillanimes. Or, de ceux-là, il s'en trouvera toujours trop, vous le savez bien, dans une assemblée électorale composée de 300 sénateurs et 597 députés...

Même avec le scrutin secret, le Congrès de Versailles sera-t-il toujours maître de procéder à une élection de franchise et de probité ? Ne reste-t-il pas un moyen de lui imposer une candidature manigancée à travers les intrigues et les rivalités ? Ce moyen ne sortira-t-il pas de cette sorte de répétition générale du Congrès que figure « la réunion plénière » des gauches ? Cela dépend du caractère de cette réunion. Si elle se tient loyalement, en dehors de toute contrainte, dans le pur désir d'échanger des impressions sur les candidats, sans empiéter sur l'indépendance des électeurs présidentiels, elle peut être de quelque avantage à titre d'indication. Mais si, préparée en de sourdes manœuvres, précédée de marchandages, elle prétend imposer un nom, dicter les bulletins de vote, réduire ainsi le Congrès à une soumission aveugle — d'ordre des groupes et de leurs meneurs — alors ce n'est plus qu'une révoltante comédie qui tend à fausser l'Assemblée nationale et à duper le pays.

L'origine des réunions plénières remonte à la première élection de Jules Grévy. Lorsque, le 30 janvier 1879, la démission de Mac-Mahon fut connue, l'unité d'une candidature s'imposa aux républicains en présence du pays tout frémissant encore des luttes du Seize-Mai. Gambetta, le premier, proposa celle de Grévy comme étant le plus digne et le plus républicain. Vite adoptée dans les groupes réunis séparément, elle le fut tout de suite après dans une réunion plénière comprenant les membres des bureaux des gauches des deux Assemblées : deux heures plus tard, car les Chambres à l'époque siégeaient encore à Versailles, le Congrès nommait Grévy. La réunion des électeurs républicains en ces graves conjonctures résultait de la nécessité : elle s'effectua avec dignité, et, étrangère aux intrigues comme aux compétitions, elle s'inspira uniquement de l'intérêt général.

Par la suite, les élus de 1899 et de 1906, MM. Loubet et Fallières, furent les seuls pré sidents préalablement désignés en des réunions plénières[1]. Vainement, pour la réélection de Grévy, pour les élections de Casimir-Périer et de Félix Faure, les républicains tentèrent-ils d'appliquer le principe de la réunion plénière : il ne put fonctionner, il resta lettre morte. Par contre, au remplacement de Grévy, le 3 décembre 1887, il fut mis largement à contribution. Le jour de l'élection, à Versailles même, trois réunions plénières successives eurent lieu : en chacune, le nom de Jules Ferry arriva le premier. Cela n'empêcha pas les radicaux — si intransigeants sur la discipline depuis qu'ils ont installé

---

1. Pour préciser, la candidature de M. Loubet fut d'abord adoptée dans une réunion plénière des groupes républicains du Sénat, puis ratifiée par les groupes de la Chambre.

leur domination — de passer outre. Et cette attitude caractéristique prouve qu'il n'y a pas de réunion plénière qui vaille pour les partis politiques lorsqu'ils veulent satisfaire leurs passions et assouvir leurs haines.

La réunion plénière n'est pas un rouage constitutionnel, elle ne se prête qu'aux circonstances. Sans péril en soi, elle devient dangereuse lorsqu'elle a pour but de transformer les électeurs en mameluks, de placer à la présidence — porté par des coalitions troubles — un titulaire de mérite effacé, mais complaisant. Comme jadis la trop fameuse « délégation des gauches », elle outrage alors la vérité constitutionnelle, elle nuit à la sincérité de l'élection présidentielle.

La République, elle, ne connaît que le Congrès formé par la Constitution. L'élu du Congrès doit être le représentant de la nation. Le devoir des congressistes est de s'inspirer du sentiment public, rien que du sentiment

public. Ils ne réussiront à l'exprimer, à nommer l'homme de son choix, qu'en écoutant
l'adjuration formulée il y a déjà longtemps :
« En présence de l'étranger, en présence de
nous-mêmes, cessez d'être des gens de parti
pour n'être que des Français ! »

CHAPITRE XV

Le représentant suprême de la nation.

CHAPITRE XV

LE REPRÉSENTANT SUPRÊME DE LA NATION

La Constitution fait du président de la République un vrai chef d'État. — Les anciennes préventions du parti républicain contre le pouvoir exécutif. — Difficultés inhérentes aux gouvernements constitutionnels. — L'équilibre des pouvoirs. — Comment les politiciens comprennent la présidence. — Ce qu'elle doit être. — Restauration de la fonction présidentielle ou revision de la Constitution.

Ayant examiné en détail — d'après la Constitution éclairée par l'Histoire — la fonction et le rôle du président de la République, je considère qu'il serait superflu d'ajouter à cette étude d'autres développements. C'est sans me soucier des contingences parlementaires que j'ai exposé les conditions et les prérogatives de la magistrature présidentielle.

Si, m'en référant uniquement aux textes et aux faits, j'ai réussi à démontrer que notre pouvoir exécutif est par essence un pouvoir non pas purement nominal mais réel, mon but est atteint, et la conclusion s'impose d'elle-même.

A en croire l'opinion accréditée dans le pays par les politiciens, le président de la République serait un simple fonctionnaire richement doté, placé au sommet de la hiérarchie administrative pour les besoins de la figuration. Décoré par surcroît de droits illusoires, il ne pourrait rien de sa propre initiative, il ne serait rien, si ce n'est ce que la reine Victoria, ce parfait souverain constitutionnel, refusa péremptoirement d'être : une machine à signer. Or, nous l'avons vu, le président est investi de pouvoirs considérables et formels. Arbitre ayant mission de maintenir l'harmonie entre le corps électoral et les corps représentatifs, il a le choix des ministres et il collabore avec eux à la direction de la politique générale du pays. Chargé de tempérer les excès du législatif, il est armé contre ses usurpations et ses folies de droits qui vont du message à la dissolution. Représentant suprême de la nation, il est responsable devant elle de ses intérêts et de sa sécurité, c'est-à-dire de la paix intérieure et extérieure, car la Constitution lui confie la surveillance de la politique étrangère et de la défense nationale. Ce n'est donc pas un automate que nos lois fondamentales veulent à l'Élysée : c'est un homme, c'est un vrai chef d'État.

Tout le long du siècle dernier une furieuse idée de défaveur a miné avec ténacité, en France, le pouvoir exécutif. La victoire permettant les aveux, pourquoi nous en défendre ? Nous avons depuis la Révolution sucé la haine de l'autorité avec l'esprit républicain. L'autorité s'étant trop longtemps confondue avec l'arbitraire, la liberté la regardait avec quelque raison comme son irré-

conciliable ennemie. Les républicains, pour-
chassés par le pouvoir exécutif, ne cessaient
de le saper. Contre lui toujours ils guer-
royaient, contre lui ils cherchaient à multi-
plier les précautions et les entraves, tandis
que la bourgeoisie libérale servait leurs desseins en exagérant la puissance ministérielle
et la puissance parlementaire.

Cette lutte, tantôt révolutionnaire, tantôt
constitutionnelle, n'eut pas pour seul résultat
d'abattre le pouvoir personnel : elle ébranla
du même coup tout édifice politique en
détruisant les plus simples notions gouvernementales. Les peuples par bonheur possèdent
un instinct de conservation qui les avertit à
temps de leurs erreurs. Quand Lamartine
s'écriait : « La République n'a pas moins
besoin de gouvernement que la monarchie »,
il faisait sourire la France de 1848. La
France d'aujourd'hui, instruite par une expérience de quarante ans, est moins incré-
dule. Bien loin de conserver à l'égard du

pouvoir exécutif les préjugés d'antan, elle en comprend toute l'impérieuse nécessité. L'autorité présidentielle ne lui semble plus en opposition avec l'idée démocratique. S'il était encore question pour elle de refouler un pouvoir, ce serait le législatif, parce qu'elle juge maintenant ses empiétements et ses débordements incompatibles avec la tranquillité et les libertés de la nation.

On l'a souvent constaté, la plus grande difficulté d'un gouvernement libre, c'est l'organisation de son mécanisme, c'est son fonctionnement. Les divers pouvoirs dont il se compose ont une tendance à se paralyser ou à s'absorber. De cet antagonisme à peu près inévitable, il naît parfois des conflits dont la nature et le danger varient selon la forme du système gouvernemental. En monarchie constitutionnelle, la souveraineté étant généralement héréditaire, la résistance de l'un des pouvoirs rivaux peut aboutir à une collision qui dégénère bientôt en révolution aux dépens de la famille royale. En république, quand la Constitution est faussée ou inobservée, le pouvoir le plus audacieux mettra à profit ses dissentiments avec les autres corps politiques pour imposer à leur faiblesse sa prépondérance. Ici, presque toujours, lorsque les Assemblées usurpatrices ne rencontrent devant elles aucun obstacle sérieux, lorsqu'elles sont aux prises avec un pouvoir exécutif débile et tremblant, une oligarchie détestable soumet sans vergogne l'État, le peuple et la liberté à ses passions tyranniques.

L'équilibre des pouvoirs a été établi pour corriger ce vice inhérent aux républiques parlementaires. C'est ainsi que, parallèlement au législatif, la Constitution de 1875 a placé un exécutif doué de force et d'action. Comme nous l'avons vu, elle ne subordonne nullement l'un à l'autre. Si l'institution présidentielle n'avait dû produire qu'un instrument passif, les constituants ne l'auraient pas entourée d'attributions dont l'existence même jure avec son asservissement. S'ils avaient eu l'arrière-pensée de ne créer dans la personne du président qu'un magistrat aussi décoratif qu'impuissant, soliveau ou poupée, ils n'auraient pas prévu la possibilité de sa mise en accusation par la Chambre et de son jugement par le Sénat [1]. Tous les droits, toutes les prérogatives dont il dispose, le président a l'obligation stricte de ne pas les laisser tomber en déshérence : il suffit qu'il soit pénétré de son devoir envers lui-même comme envers le pays pour les exercer pleinement et virilement.

Une compréhension du devoir aussi élevée n'est pas, hélas ! à la mesure de tous les hommes politiques dont on fait les présidents. Peu d'entre eux possèdent la qualité maîtresse, celle qui était aux yeux de Taine la vraie cause des actions privées et pu-

1. Article 9 de la loi constitutionnelle du 24 février 1875, et article 12 de la loi du 16 juillet 1875.

bliques : le caractère. Beaucoup trop considèrent la présidence comme une sinécure d'immuable repos. Si, parmi ceux-là, il en est qui, hallucinés par leurs rêves nocturnes, aspirent à l'Élysée en se demandant : *Pourquoi pas moi?* leur ambition, soyez-en persuadés, reste mesquine. Politiciens trop habiles ou trop heureux, la présidence leur apparaît comme une timbale qui leur est due en suprême récompense de leur carrière parlementaire. Ils prétendent devenir président de la République comme un employé devient chef de bureau — à l'ancienneté. En possession de ce fructueux honorariat, l'élu de leur cœur exercerait sa fonction de la façon positive que voici : confondant impartialité avec impassibilité, passant à travers les événements et les hommes indifférent et insignifiant, se contentant de tenir son bout de rôle dans une terne résignation, il réduirait sa magistrature à réaliser la correction constitutionnelle sans activité, sans relief, sans éclair, en léthargie. Est-ce là le type du chef d'État qui convient à une grande nation telle que la République française ?

Je ne sais pas si, le septennat de M. Fallières prenant fin, il y a — selon un mot historique — « des noms qui conspirent ». Je crois savoir seulement, comme tous les hommes qui observent, que le pays souhaiterait un président élu pour son mérite et son ascendant, un chef ayant la compétence spéciale caractérisée par Thiers en ces termes précis : l'expérience politique et l'habitude des affaires. Mais à la valeur — et elle peut se trouver, celui-là devrait joindre le caractère, — et l'espèce en est plus rare. Personnifiant la nation, le président a pour devoir constant de se montrer au niveau de toutes les circonstances et de toutes les responsabilités : « Le pouvoir exécutif est le représentant du pays tout entier, disait Gambetta, et jusqu'à l'heure marquée par la loi il doit pouvoir s'épanouir dans tout son prestige et dans

toute son autorité. » La présidence de la
République est une force qui doit se manifester, une force à laquelle il faut *faire
rendre*. Il ne s'agit ni d'engager avec le Parlement une lutte systématique, ni de jouer
une partie d'ambition ; il s'agit de resti-
tuer à la fonction du chef de l'État, devant
la France attentive, son influence et son
éclat.

Ce n'est point là une perspective chimé-
rique, c'est une nécessité à laquelle demain
n'échappera pas. Le choix des congressistes
de Versailles en janvier 1913 aura à ce point
de vue une importance exceptionnelle : il
décidera du sort de la Constitution. S'il en
sortait un président trop inférieur à sa charge
pour la remplir dignement, trop craintif
devant le Parlement pour exercer ses droits
résolument, l'institution présidentielle serait
jugée à jamais comme une dérisoire fiction.
A quoi ne se résoudrait pas alors l'opinion
publique déçue ? Redoutons les grandes dé-

sillusions d'où dérivent les grands détraque-
ments. Les parlementaires ne peuvent ignorer que l'idée d'une revision sourit déjà à pas
mal de Français. Wallon, le « père » de la
Constitution, ne s'en effrayait pas lui-même;
seulement il demandait qu'avant d'en changer, on essayât au moins de l'appliquer.
L'impuissance des présidents ayant été, après
la démission de Casimir-Périer, dénoncée à
grands cris, il affirmait qu'il leur suffirait
d'avoir une volonté — celle de pratiquer la
Constitution dans son esprit comme dans sa
lettre; l'expérience faite, si les choses n'allaient pas mieux, on irait à Versailles, on
reviserait...

Une telle perspective donnera peut-être à
réfléchir aux congressistes du 17 janvier 1913.
S'ils ont conscience de leur responsabilité,
ils hésiteront à nommer tout bonnement
l'obscur favori d'une coalition de groupes. En
sa qualité de premier représentant du pays,
le président de la République ne saurait être

le vassal du Parlement. L'intérêt de la France exige que ce soit un citoyen dévoué à l'accomplissement de son devoir, décidé à faire respecter sa volonté et son autorité, — certain d'y réussir s'il s'appuie sur la nation.

FIN

APPENDICE

LISTE CHRONOLOGIQUE

DES PRÉSIDENTS DE LA RÉPUBLIQUE

Thiers : 17 février 1871 — 24 mai 1873.

Mac-Mahon : 24 mai 1873 — 30 janvier 1879.

Jules Grévy : 30 janvier 1879 — 1er décembre 1887.

Carnot : 3 décembre 1887 — 24 juin 1894.

Casimir-Périer : 27 juin 1894 — 15 janvier 1895.

Félix Faure : 17 janvier 1895 — 16 février 1899.

Loubet : 18 février 1899 — 18 février 1906.

Fallières : 18 février 1906 — 18 février 1913.

TABLEAU

DES ÉLECTIONS PRÉSIDENTIELLES

ASSEMBLÉE NATIONALE [1]

Séance du 17 février 1871.

Présidence de M. Jules GRÉVY.

Le décret suivant est soumis à l'Assemblée par plusieurs de ses membres :

« L'Assemblée Nationale, dépositaire de l'autorité souveraine,

« Considérant qu'il importe, en attendant qu'il soit statué sur les institutions de la France, de pourvoir immédiatement aux nécessités du gouvernement et à la conduite des négociations,

« Décrète :

« M. Thiers est nommé chef du pouvoir exécutif

1. Cette Assemblée Nationale se tint à Bordeaux. Toutes les suivantes se sont réunies à Versailles.

de la République française ; il exercera ses fonctions
sous l'autorité de l'Assemblée Nationale avec le concours des ministres qu'il aura choisis et qu'il prési-
dera. »

Le décret fut adopté *à mains levées*, à la presque
unanimité : en conséquence, Thiers se trouva nommé
chef du pouvoir exécutif.

ASSEMBLÉE NATIONALE

Troisième séance du samedi 24 mai 1873.

Présidence de M. Buffet.

Nombre des votants 392
Bulletins blancs 1
Suffrages exprimés 391
Majorité absolue 196

Ont obtenu :

Le maréchal de Mac-Mahon . 390 *Élu.*
Jules Grévy 1

(Les gauches de l'Assemblée s'étaient abstenues de participer au vote.)

Conformément à la loi du 31 août 1871, le maréchal de Mac-Mahon prit le titre de président de la République. De plus, par la loi du 20 novembre 1873, l'Assemblée lui conféra le pouvoir exécutif pour sept ans.

C'est avec Jules Grévy que commence la série des présidents élus en application des lois constitutionnelles de 1875.

ASSEMBLÉE NATIONALE

Séance du jeudi 30 janvier 1879.

Présidence de M. Martel.

Nombre des votants 713
N'ont pas pris part au vote . 63
Absents par congé. 24
Bulletins blancs ou nuls . . 43
Suffrages exprimés 670
Majorité absolue 336

Ont obtenu :

MM.
Jules Grévy . . . . 563 *Élu*.
Le général Chanzy , . . . 99
Gambetta. 5
Le général de Ladmirault . 1
Le duc d'Aumale 1
Le général de Gallifet . . . 1

ASSEMBLÉE NATIONALE

Séance du lundi 28 décembre 1885.

Présidence de M. Le Royer.

Nombre des votants 589
Bulletins blancs ou nuls . . 13
Suffrages exprimés 576
Majorité absolue 289

Ont obtenu :

MM.
Jules Grévy . . . . 457 *Élu.*
Henri Brisson 68
De Freycinet 14
Anatole de la Forge 10
Voix diverses 27

ASSEMBLÉE NATIONALE

Séance du samedi 3 décembre 1887.

Présidence de M. Le Royer.

Premier tour de scrutin :

Nombre des votants	852
Bulletins blancs ou nuls	3
Suffrages exprimés	849
Majorité absolue	425

Ont obtenu :

MM.

Sadi Carnot	303
Jules Ferry	212
Le général Saussier	148
De Freycinet	76
Le général Appert	72
Brisson	26
Floquet	5
Anatole de la Forge	2
Félix Pyat	2
Pasteur	2
Spuller	1

Second tour de scrutin :

Nombre des votants	842
Bulletins blancs ou nuls	15
Suffrages exprimés	827
Majorité absolue	414

Ont obtenu :

MM.

Sadi CARNOT	616	*Élu.*
Le général Saussier	188	
Jules Ferry	11	
De Freycinet	5	
Voix diverses	7	

ASSEMBLÉE NATIONALE

Séance du mercredi 27 juin 1894.

Présidence de M. CHALLEMEL-LACOUR.

Nombre des votants	851
Bulletins blancs ou nuls	6
Suffrages exprimés	845
Majorité absolue	423

Ont obtenu ;

MM.

CASIMIR-PÉRIER	451 *Élu.*
Henri Brisson	195
Charles Dupuy	97
Le général Février	53
Emmanuel Arago	27
Voix diverses	22

ASSEMBLÉE NATIONALE

Séance du jeudi 17 janvier 1895.

Présidence de M. CHALLEMEL-LACOUR.

Premier tour de scrutin :

Nombre des votants	793
Bulletins blancs ou nuls . .	6
Suffrages exprimés	787
Majorité absolue	395

Ont obtenu :

MM.

Henri BRISSON	338
Félix Faure	244
Waldeck-Rousseau	184
Voix diverses	21

Second tour de scrutin :

Nombre des votants	801
Bulletins blancs ou nuls . .	1
Suffrages exprimés	800
Majorité absolue	401

Ont obtenu :

MM.
Félix FAURE . . . . 430 *Élu*.
Henri Brisson 361
Voix diverses 9

ASSEMBLÉE NATIONALE

Séance du samedi 18 février 1899.

Présidence de MM. LOUBET et FRANCK-CHAUVEAU.

Nombre des votants	824
Suffrages exprimés	812
Majorité absolue	407
MM. LOUBET	483 *Élu.*
Méline	279
Divers	50

ASSEMBLÉE NATIONALE

Séance du mercredi 17 janvier 1906.

Présidence de MM. FALLIÈRES et Antonin DUBOST.

Nombre des votants	849
Bulletin blanc ou nul	1
Suffrages exprimés	848
Majorité absolue	425

Ont obtenu :

MM.

Armand FALLIÈRES	449 *Élu*.
Paul Doumer	371
Voix diverses	28

LETTRE DE DÉMISSION DE JULES GRÉVY

Messieurs les Sénateurs,
Messieurs les Députés,

Tant que je n'ai été aux prises qu'avec les difficultés accumulées en ces derniers temps sur ma route : les attaques de la presse, l'abstention des hommes que la voix de la République appelait à mes côtés, l'impossibilité croissante de constituer un ministère, j'ai lutté et je suis resté où m'appelait mon devoir.

Mais au moment où l'opinion publique mieux éclairée accentuait son retour et me rendait l'espoir de former un gouvernement, le Sénat et la Chambre des députés viennent de voter une double résolution qui, sous la forme d'un ajournement à heure fixe pour un message promis, équivaut à une mise en demeure au Président de la République de résigner son pouvoir.

Mon devoir et mon droit seraient de résister ;

mais, dans les circonstances où nous sommes, un conflit entre le pouvoir exécutif et le Parlement pourrait entraîner des conséquences qui m'arrêtent. La sagesse et le patriotisme me commandent de céder.

Je laisse à ceux qui l'assument la responsabilité d'un tel précédent et des événements qui pourront le suivre.

Je descends donc sans regrets, mais non sans tristesse, du pouvoir où j'ai été élevé deux fois sans le demander et où j'ai la conscience d'avoir fait mon devoir.

J'en appelle à la France !

Elle dira que, pendant neuf années, mon gouvernement lui a assuré la paix, l'ordre et la liberté ; qu'il l'a fait respecter dans le monde ; qu'il a travaillé sans relâche à son relèvement, et qu'au milieu de l'Europe armée, il la laisse en état de défendre son honneur et ses droits ; qu'enfin, à l'intérieur, il a su maintenir la République dans la voie sage que tracent devant elle l'intérêt et la volonté du pays.

Elle dira qu'en retour j'ai été enlevé au poste où sa confiance m'avait placé.

En quittant la vie politique, je ne forme qu'un vœu, c'est que la République ne soit pas atteinte par les coups dirigés contre moi et qu'elle sorte triomphante des dangers qu'on lui fait courir.

Je dépose sur le bureau du Sénat et de la Chambre des députés ma démission des fonctions de Président de la République française.

Le Président de la République

Jules Grévy.

1er décembre 1887.

LETTRE

DE DÉMISSION DE CASIMIR-PÉRIER

—

Paris, le 15 janvier 1895.

Messieurs les Sénateurs,
Messieurs les Députés,

Je ne me suis jamais dissimulé les difficultés de la tâche que l'Assemblée Nationale m'a imposée. Je les avais prévues.

Si on ne refuse pas un poste au moment du danger, on ne conserve une dignité qu'avec la conviction de servir son pays.

La présidence de la République, dépourvue de moyens d'action et de contrôle, ne peut puiser que dans la confiance de la nation la force morale sans laquelle elle n'est rien. Ce n'est ni du bon sens, ni de la justice de la France que je doute ; mais on a réussi à égarer l'opinion publique : plus de vingt années de luttes pour la même cause, plus de vingt années d'attachement à la République, de dévouement à la démocratie, n'ont suffi ni à convaincre tous ces républicains de la sincérité et de l'ardeur de ma foi politique, ni à désabuser des adversaires qui croient ou affectent de croire que je me ferai l'instrument de leurs passions et de leurs espérances.

Depuis six mois se poursuit une campagne de diffamations et d'injures contre l'armée, la magistrature, le chef irresponsable de l'État, et cette liberté de souffler les haines sociales continue à être appelée la liberté de penser.

Le respect et l'ambition que j'ai pour mon pays ne me permettent pas d'admettre qu'on puisse insulter chaque jour les meilleurs serviteurs de la patrie et celui qui la représente aux yeux de l'étranger.

Je ne me résigne pas à comparer le poids des responsabilités morales qui pèsent sur moi et l'impuissance à laquelle je suis condamné.

Peut-être me comprendra-t-on si j'affirme que les fictions constitutionnelles ne peuvent faire taire les exigences de la conscience politique : peut-être, en me démettant de mes fonctions, aurai-je tracé leur devoir à ceux qui ont le souci de la dignité du pouvoir et du bon renom de la France dans le monde.

Invariablement fidèle à moi-même, je demeure convaincu que les réformes ne se feront qu'avec le concours actif d'un gouvernement résolu à assurer le respect des lois, à se faire obéir de ses subordonnés et à les grouper tous dans une action commune pour une œuvre commune.

J'ai foi, malgré les tristesses de l'heure présente, dans un avenir de progrès et de justice sociale.

Je dépose sur le bureau du Sénat et de la Chambre des députés ma démission de Président de la République française.

CASIMIR-PÉRIER.

LA CONSTITUTION

ET LA PRÉSIDENCE DE LA RÉPUBLIQUE

LETTRE DE CASIMIR-PÉRIER AU *TEMPS* [1]

M. le général Billot et M. le président du Sénat [2], — qui ont, je n'en doute pas, un égal respect pour la Constitution — ne la comprennent pas de même. Leur désaccord s'est révélé vendredi dernier, au Sénat, dans les conditions suivantes :

M. le général Billot. — Et, s'il le fallait, je me rappellerais que, de par la Constitution même que j'ai eu l'honneur de voter, toute espérance ne serait pas encore perdue, alors même que la Chambre des députés aurait voté votre loi ; car le chef de l'État

---

1. Lettre adressée au directeur du *Temps* (nᵒ du 22 février 1905) à la suite d'un incident soulevé au Sénat dans la séance du 17 février 1905.

2. M. Fallières.

a le pouvoir de provoquer une nouvelle délibération. (Vives réclamations à gauche.)

M. le président. — Monsieur le général Billot, il
ne m'est pas possible de vous laisser prononcer ces
paroles. Il ne faut pas faire intervenir le chef de
l'État dans cette discussion, ni surtout faire appel à
lui contre la volonté des Chambres. (Vifs applaudis-
sements à gauche. — Réclamations à droite.)

M. le général Billot. — C'est tout au long dans la
Constitution. (Dénégations à gauche.)

Le général Billot s'est borné à invoquer le texte
de l'article 7 de la loi constitutionnelle du
16 juillet 1875, qui dispose que le président de
la République peut, par un message motivé,
demander aux deux Chambres une nouvelle délibération qui ne peut être refusée. Le président
du Sénat estime qu'il n'est pas possible de faire
ainsi intervenir le chef de l'Etat dans une discussion.

Comment les orateurs doivent-ils s'exprimer à
l'avenir ? La lecture de la Constitution est-elle
désormais interdite aux Sénateurs ?

Il est certain que c'est une très mauvaise lecture. Armé du volume sur l'organisation des
pouvoirs publics, on aurait le droit de dire à la
tribune : « Je regrette que M. le Président de la
République ait déposé ce projet de loi. » Car

c'est, aux termes de la Constitution, le Président de la République qui a l'initiative des lois.

Un autre pourrait s'écrier : « La loi a été violée ; pourquoi M. le Président de la République ne surveille-t-il pas, n'assure-t-il pas l'exécution des lois ? » Car c'est le Président de la République qui en est chargé par l'article 3 de la loi constitutionnelle du 25 février 1875.

Un orateur s'élève contre l'emploi de la troupe au cours des incidents d'une grève ; il pourrait mettre en cause le président de la République. C'est lui qui dispose de la force armée (article 3 de la loi constitutionnelle du 25 février 1875).

S'agit-il de politique extérieure ? C'est lui qu'il faut accuser si l'on conteste les avantages ou si l'on dénonce les périls d'un traité, car, de par le texte constitutionnel, c'est lui qui négocie et ratifie les traités.

Mais s'il n'est pas permis de faire intervenir le Président de la République en citant la Constitution, qui les Sénateurs peuvent-ils faire intervenir ? Les ministres ? J'en doute fort. M. le président du Sénat pourrait très légitimement faire remarquer que la Constitution ne parle guère d'eux et qu'elle ne leur donne aucune attribution ni aucun pouvoir. Ils sont responsables, cela est vrai. De ce qu'ils ont fait ? Non. De ce que le

Président de la République a fait. Voilà le texte constitutionnel. Et je rends cet hommage à M. le président du Sénat, qu'il est — en France du moins — le premier qui ait signalé cet imbroglio.

Je pourrais m'étendre sur ce sujet, et je le ferai peut-être un jour ; bornons-nous aujourd'hui à examiner comment les espérances du général Billot pouvaient être réalisées, et comment il était possible que les Chambres fussent appelées à délibérer une seconde fois sur la loi militaire.

Voilà un texte législatif que deux ministres de la Guerre, que deux cabinets ont successivement soutenu et fait adopter.

Est-ce à M. Berteaux, est-ce à M. Rouvier que M. le général Billot pouvait demander de signaler aux Chambres tous les périls que le projet présente, selon lui, et de provoquer eux-mêmes une seconde délibération, dans le dessein de faire définitivement repousser ce qu'ils ont victorieusement défendu ?

Le général Billot s'est cru permis de lire la Constitution et il a fait appel au chef de l'État. Qu'espère-t-il de lui ?

Le Président de la République peut adresser au Parlement un message motivé pour demander une nouvelle délibération, mais le message doit être contresigné par un ministre, et les idées du message ne peuvent être défendues que par le ministère.

Le général Billot a trouvé impossible pour le président du Conseil et le ministre de la Guerre de se contredire et d'inviter le Sénat à suivre leur exemple en se déjugeant; il charge le Président de la République de le leur demander. Car le Président ne peut rien par lui-même; il peut valablement mettre sa signature à côté d'une autre, si on le lui demande ; mais, sauf sa démission, tout ce qu'il est seul à signer ne constitue qu'un autographe de collection.

Il était donc bien inutile de parler de lui et de le faire intervenir ; c'était simplement souligner son impuissance.

Permettez-moi d'ajouter qu'il est tout à fait extraordinaire d'invoquer ici l'exemple du Président des États-Unis et de rappeler l'usage heureux que Cleveland a souvent fait du droit de *veto*. Les ministres ne sont, à Washington, que les interprètes de la pensée du président, et le droit de veto appartient personnellement à celui-ci. Il en use quand un projet de loi a été adopté malgré ses ministres, il en use selon les inspirations de sa conscience et de son patriotisme.

En France, il semble, au premier abord, que

la Constitution de 1875 attribue au chef de l'Etat à peu près tous les pouvoirs que lui donnait la Constitution de 1848. Quelle erreur !

Le Président de 1848 était tout-puissant, le président tel que l'a voulu l'Assemblée Nationale est réduit à l'impuissance. Pourquoi ?

L'article 64 de la Constitution de 1848 donnait expressément au Président le droit de nommer et de révoquer ses ministres, parce qu'il dispensait de contreseing les actes par lesquels le président les nommait et les révoquait ; depuis 1875, même un décret révoquant un ministre doit être contresigné. Par qui ? C'est ce qui reste à trouver. Si le maréchal de Mac-Mahon a obtenu la démission de Jules Simon, aucun de ses successeurs n'a cru affirmer son autorité en s'exposant à implorer la retraite d'un ministre. Quand les ministres sont les interprètes des volontés de la majorité du Parlement, il est du reste facile d'apercevoir à qui resterait, en cas de conflit entre le Président et le cabinet, la victoire finale.

La Constitution de 1848 édictait la responsabilité du Président ; les textes actuels proclament l'irresponsabilité du chef de l'État et la responsabilité des ministres.

Parmi tous les pouvoirs qui lui semblent attribués, il n'en est qu'un que le Président de la République puisse exercer librement et personnellement, c'est : la présidence des solennités nationales.

M. le général Billot — et il n'est pas le seul — a oublié que, si la Constitution parle du pouvoir législatif, elle ne prononce pas le nom du pouvoir exécutif, et que toutes les attributions dévolues en apparence au Président sont, non ses attributions, mais celles du pouvoir exécutif. Or, le pouvoir exécutif n'est pas le président irresponsable, mais les ministres responsables.

Puisque la Constitution n'est pas comprise de même par deux sénateurs éminents, il est probable que beaucoup de Français ne la comprennent pas du tout, et peut-être n'est-il pas inutile de provoquer les controverses qui peuvent permettre aux citoyens d'un pays libre de se mettre à peu près d'accord sur ce qu'elle veut dire.

Agréez, je vous prie, monsieur le Directeur, l'expression de mes sentiments dévoués.

CASIMIR-PÉRIER.

LOIS CONSTITUTIONNELLES

LOI DU 25 FÉVRIER 1875

ORGANISATION DES POUVOIRS PUBLICS

Article premier. — Le pouvoir législatif s'exerce par deux assemblées : la Chambre des Députés et le Sénat.

La Chambre des Députés est nommée par le suffrage universel, dans les conditions déterminées par la loi électorale.

La composition, le mode de nomination et les attributions du Sénat seront réglés par une loi spéciale.

Art. 2. — Le Président de la République est élu à la majorité absolue des suffrages par le Sénat et par la Chambre des Députés réunis en Assemblée nationale.

Il est nommé pour sept ans. Il est rééligible.

Art. 3. — Le Président de la République a l'initiative des lois, concurremment avec les membres des deux Chambres. Il promulgue les lois lorsqu'elles ont été votées par les deux Chambres ; il en surveille et en assure l'exécution.

Il a le droit de faire grâce ; les amnisties ne peuvent être accordées que par une loi.

Il dispose de la force armée.

Il nomme à tous les emplois civils et militaires.

Il préside aux solennités nationales ; les envoyés et les ambassadeurs des puissances étrangères sont accrédités auprès de lui.

Chacun des actes du Président de la République doit être contresigné par un ministre.

Art. 4. — Au fur et à mesure des vacances qui se produiront à partir de la promulgation de la présente loi, le Président de la République nomme, en Conseil des ministres, les conseillers d'État en service ordinaire.

Les conseillers d'État ainsi nommés ne pourront être révoqués que par décret rendu en conseil des ministres.

Les conseillers d'État nommés en vertu de la loi du 24 mai 1872 ne pourront, jusqu'à l'expiration de leurs pouvoirs, être révoqués que dans la forme déterminée par cette loi. Après la séparation de l'Assemblée nationale, la révocation ne pourra être prononcée que par une résolution du Sénat.

Art. 5. — Le Président de la République peut, sur l'avis conforme du Sénat, dissoudre la Chambre des Députés avant l'expiration légale de son mandat.

En ce cas, les collèges électoraux sont convoqués pour de nouvelles élections dans le délai de trois mois.

Art. 6. — Les Ministres sont solidairement responsables devant les Chambres de la politique générale du gouvernement, et individuellement de leurs actes personnels.

Le Président de la République n'est responsable que dans le cas de haute trahison.

Art. 7. — En cas de vacance par décès ou pour toute autre cause, les deux Chambres réunies procèdent immédiatement à l'élection d'un nouveau Président.

Dans l'intervalle, le Conseil des Ministres est investi du pouvoir exécutif.

Art. 8. — Les Chambres auront le droit, par délibérations séparées, prises dans chacune à la majorité absolue des voix, soit spontanément, soit sur la demande du Président de la République, de déclarer qu'il y a lieu de reviser les lois constitutionnelles.

Après que chacune des deux Chambres aura pris cette résolution, elles se réuniront en Assemblée nationale pour procéder à la revision.

Les délibérations portant revision des lois constitutionnelles, en tout ou en partie, devront être prises à la majorité absolue des membres composant l'Assemblée nationale.

Toutefois, pendant la durée des pouvoirs conférés par la loi du 20 novembre 1873 à M. le maréchal de Mac-Mahon, cette revision ne peut avoir lieu que sur la proposition du Président de la République.

ART. 9. — Le siège du pouvoir exécutif et des deux Chambres est à Versailles.

LOI DU 24 FÉVRIER 1875

ORGANISATION DU SÉNAT

ARTICLE PREMIER. — Le Sénat se compose de trois cents membres : deux cent vingt-cinq élus par les départements et les colonies, et soixante-quinze élus par l'Assemblée nationale.

ART. 2. — Les départements de la Seine et du Nord éliront chacun cinq Sénateurs;

Les départements de la Seine-Inférieure, Pas-de-Calais, Gironde, Rhône, Finistère, Côtes-du-Nord, chacun quatre Sénateurs;

La Loire-Inférieure, Saône-et-Loire, Ille-et-Vilaine, Seine-et-Oise, Isère, Puy-de-Dôme, Somme, Bouches-du-Rhône, Aisne, Loire, Manche, Maine-et-Loire, Morbihan, Dordogne, Haute-Garonne, Charente-Inférieure, Calvados, Sarthe, Hérault, Basses-Pyrénées, Gard, Aveyron, Vendée, Orne, Oise, Vosges, Allier, chacun trois Sénateurs;

Tous les autres départements, chacun deux Sénateurs.

Le territoire de Belfort, les trois départements de l'Algérie, les quatre colonies de la Martinique, de la Guadeloupe, de la Réunion et des Indes françaises, éliront chacun un Sénateur.

Art. 3. — Nul ne peut être Sénateur s'il n'est Français, âgé de quarante ans au moins et s'il ne jouit de ses droits civils et politiques.

Art. 4. — Les Sénateurs des départements et des colonies sont élus à la majorité absolue, et, quand il y a lieu, au scrutin de liste, par un collège réuni au chef-lieu du département ou de la colonie et composé :

1° Des députés ;

2° Des conseillers généraux ;

3° Des conseillers d'arrondissement ;

4° Des délégués élus, un par chaque conseil municipal, parmi les électeurs de la commune.

Dans l'Inde française, les membres du conseil colonial ou des conseils locaux sont substitués aux conseillers généraux, aux conseillers d'arrondissement et aux délégués des conseils municipaux.

Ils votent au chef-lieu de chaque établissement.

Art. 5. — Les Sénateurs nommés par l'Assemblée sont élus au scrutin de liste et à la majorité absolue des suffrages.

ART. 6. — Les Sénateurs des départements et des colonies sont élus pour neuf années et renouvelables par tiers, tous les trois ans.

Au début de la première session, les départements seront divisés en trois séries contenant chacune un égal nombre de Sénateurs. Il sera procédé, par la voie du tirage au sort, à la désignation des séries qui devront être renouvelées à l'expiration de la première et de la deuxième période triennale.

ART. 7. — Les Sénateurs élus par l'Assemblée sont inamovibles. En cas de vacance par décès, démission ou autre cause, il sera, dans les deux mois, pourvu au remplacement par le Sénat lui-même.

ART. 8. — Le Sénat a, concurremment avec la Chambre des Députés, l'initiative et la confection des lois. Toutefois, les lois de finances doivent être, en premier lieu, présentées à la Chambre des Députés et votées par elle.

ART. 9. — Le Sénat peut être constitué en cour de justice pour juger, soit le Président de la République, soit les ministres, et pour connaître des attentats commis contre la sûreté de l'État.

Art. 10. — Il sera procédé à l'élection du Sénat un mois avant l'époque fixée par l'Assemblée nationale pour sa séparation. Le Sénat entrera en fonctions et se constituera le jour même où l'Assemblée nationale se séparera.

Art. 11. — La présente loi ne pourra être promulguée qu'après le vote définitif de la loi sur les pouvoirs publics.

LOI DU 16 JUILLET 1875

LES RAPPORTS DES POUVOIRS PUBLICS

Article premier. — Le Sénat et la Chambre des Députés se réunissent chaque année, le second mardi de janvier, à moins d'une convocation antérieure faite par le Président de la République.

Les deux Chambres doivent être réunies en session cinq mois au moins chaque année. La session de l'une commence et finit en même temps que celle de l'autre.

Le dimanche qui suivra la rentrée, des prières publiques seront adressées à Dieu dans les églises et dans les temples pour appeler son secours sur les travaux des assemblées.

Art. 2. — Le Président de la République prononce la clôture de la session. Il a le droit de convoquer extraordinairement les Chambres. Il devra les convoquer si la demande en est faite, dans l'intervalle des sessions, par la majorité absolue des membres composant chaque Chambre.

Le Président peut ajourner les Chambres. Toutefois, l'ajournement ne peut excéder le terme d'un mois, ni avoir lieu plus de deux fois dans la même session.

ART. 3. — Un mois au moins avant le terme légal des pouvoirs du Président de la République, les Chambres devront être réunies en Assemblée nationale pour procéder à l'élection du nouveau Président.

A défaut de convocation, cette réunion aurait lieu de plein droit le quinzième jour avant l'expiration de ces pouvoirs.

En cas de décès ou de démission du Président de la République, les deux Chambres se réunissent immédiatement et de plein droit.

Dans le cas où, par application de l'article 5 de la loi du 25 février 1875, la Chambre des Députés se trouverait dissoute au moment où la Présidence de la République deviendrait vacante, les collèges électoraux seraient aussitôt convoqués, et le Sénat se réunirait de plein droit.

ART. 4. — Toute assemblée de l'une des deux Chambres qui serait tenue hors du temps de la session commune est illicite et nulle de plein droit, sauf le cas prévu par l'article précédent et celui où le Sénat est réuni comme cour de justice ; et, dans ce dernier cas, il ne peut exercer que des fonctions judiciaires.

Art. 5. — Les séances du Sénat et celles de la Chambre des Députés sont publiques.

Néanmoins, chaque Chambre peut se former en comité secret, sur la demande d'un certain nombre de ses membres, fixé par le règlement.

Elle décide ensuite, à la majorité absolue, si la séance doit être reprise en public sur le même sujet.

Art. 6. — Le Président de la République communique avec les Chambres par des messages qui sont lus à la tribune par un Ministre.

Les Ministres ont leur entrée dans les deux Chambres et doivent être entendus quand ils le demandent. Ils peuvent se faire assister par des commissaires désignés, pour la discussion d'un projet de loi déterminé, par décret du Président de la République.

Art. 7. — Le Président de la République promulgue les lois dans le mois qui suit la transmission au gouvernement de la loi définitivement adoptée. Il doit promulguer dans les trois jours les lois dont la promulgation, par un vote exprès dans l'une et l'autre Chambre, aura été déclarée urgente.

Dans le délai fixé pour la promulgation, le Président de la République peut, par un message motivé, demander aux deux Chambres une nouvelle délibération qui ne peut être refusée.

ART. 8. — Le Président de la République négocie et ratifie les traités. Il en donne connaissance aux Chambres aussitôt que l'intérêt et la sûreté de l'État le permettent.

Les traités de paix, de commerce, les traités qui engagent les finances de l'État, ceux qui sont relatifs à l'état des personnes et au droit de propriété des Français à l'étranger, ne sont définitifs qu'après avoir été votés par les deux Chambres. Nulle cession, nul échange, nulle adjonction de territoire ne peut avoir lieu qu'en vertu d'une loi.

ART. 9. — Le Président de la République ne peut déclarer la guerre sans l'assentiment préalable des deux Chambres.

ART. 10. — Chacune des Chambres est juge de l'éligibilité de ses membres et de la régularité de leur élection ; elle peut seule recevoir leur démission.

ART. 11. — Le bureau de chacune des deux

Chambres est élu chaque année pour la durée de la session et pour toute session extraordinaire qui aurait lieu avant la session ordinaire de l'année suivante.

Lorsque les deux Chambres se réunissent en Assemblée nationale, leur bureau se compose des président, vice-présidents et secrétaires du Sénat.

Art. 12. — Le Président de la République ne peut être mis en accusation que par la Chambre des Députés et ne peut être jugé que par le Sénat.

Les Ministres peuvent être mis en accusation par la Chambre des Députés pour crimes commis dans l'exercice de leurs fonctions. En ce cas, ils sont jugés par le Sénat.

Le Sénat peut être constitué en cour de justice par un décret du Président de la République, rendu en Conseil des ministres, pour juger toute personne prévenue d'attentat commis contre la sûreté de l'État.

Si l'instruction est commencée par la justice ordinaire, le décret de convocation du Sénat peut être rendu jusqu'à l'arrêt de renvoi.

Une loi déterminera le mode de procéder pour l'accusation, l'instruction et le jugement.

Art. 13. — Aucun membre de l'une ou de

l'autre Chambre ne peut être poursuivi ou recherché à l'occasion des opinions ou votes émis par lui dans l'exercice de ses fonctions.

ART. 14. — Aucun membre de l'une ou de l'autre Chambre ne peut, pendant la durée de la session, être poursuivi ou arrêté en matière criminelle ou correctionnelle qu'avec l'autorisation de la Chambre dont il fait partie, sauf le cas de flagrant délit.

La détention ou la poursuite d'un membre de l'une ou de l'autre Chambre est suspendue, pendant la session, et pour toute sa durée, si la Chambre le requiert.

CONGRÈS DE REVISION DE 1879

Loi constitutionnelle des 19-21 juillet 1879.

Transfert du pouvoir exécutif et des Chambres à Paris.

Article unique. — L'article 9 de la loi constitutionnelle du 25 février 1875 est abrogé.

CONGRÈS DE REVISION DE 1884

Loi constitutionnelle des 13-14 août 1884.

ARTICLE PREMIER. — Le paragraphe 2 de l'article 5 de la loi constitutionnelle du 25 février 1875, relative à l'organisation des pouvoirs publics, est modifié ainsi qu'il suit :

« En ce cas, les collèges électoraux sont réunis pour de nouvelles élections dans le délai de deux mois et la Chambre dans les dix jours qui suivront la clôture des opérations électorales. »

ART. 2. — Le paragraphe 3 de l'article 8 de la même loi du 25 février 1875 est complété ainsi qu'il suit :

« La forme républicaine du gouvernement ne peut faire l'objet d'une proposition de revision.

« Les membres des familles ayant régné sur la France sont inéligibles à la Présidence de la République. »

Art. 3. — Les articles 1 à 7 de la loi constitutionnelle du 24 février 1875, relative à l'organisation du Sénat, n'auront plus le caractère constitutionnel.

Art. 4. — Le paragraphe 3 de l'article premier de la loi constitutionnelle du 16 juillet 1875, sur les rapports des pouvoirs publics, est abrogé.

TABLE DES MATIÈRES

CHAPITRE PREMIER

Le président de la République est-il le « laquais de l'Assemblée » ou le « surveillant général de l'État » ?

CHAPITRE II

Le « gardien » de la Constitution.

CHAPITRE VI

Responsabilité générale du président dans la politique extérieure et la défense nationale.

CHAPITRE VII

La présidence des solennités nationales.

CHAPITRE VIII

De l'obligation du contreseing ministériel.

CHAPITRE IX

Du droit de démission.

CHAPITRE X

Droits de message et de suspension.

CHAPITRE XI

Droits de prorogation et de dissolution.

CHAPITRE XII

Le droit de dissolution et le parti républicain.

CHAPITRE XIII

L'omnipotence du pouvoir législatif et ses dangers.

CHAPITRE XIV

Les origines du président de la République.

CHAPITRE XV

Le représentant suprême de la nation.

APPENDICE

ÉVREUX, IMPRIMERIE CH. HÉRISSEY, PAUL HÉRISSEY, SUCC^r

www.ingramcontent.com/pod-product-compliance
Lightning Source LLC
Chambersburg PA
CBHW061445060726

47597CB00002B/471